言語表現の名手20人から学ぶ

# ことばの魔法

著者
田丸雅智

協力／監修
株式会社
FM愛媛



KADOKAWA

# はじめに

——田丸雅智（ショートショート作家）

「ＦＭ愛媛でラジオ番組のパーソナリティをしませんか？」

思いがけずそんなお声がけをいただいたのは、２０２０年のコロナ禍のことでした。

ＦＭ愛媛の「こんな時だからこそ、リモートという新しい収録の形にチャレンジしたい」という思いと、僕の思いが重なり合い、「ＦＭ愛媛の〝まじめな〟コトバプロジェクトコトバノまほう」はスタートしました。

番組のテーマは、日本語が持つ魅力や可能性に〝まじめに〟向き合うこと。

作家やエッセイスト、俳人、落語家、ジャーナリストなど、日本語を操る各界のプロフェッショナルをゲストとしてお迎えし、言葉を真ん中に語り合う対談番組です。

誰より僕自身が学び、刺激をいただいているのは言うまでもありませんが、言葉だけに焦点を当てた場は意外と珍しいようで、うれしいことに毎回ゲストの方も言葉について熱く語ってくださっています。

そんな言葉のプロたちとのこの濃密な時間を、多くの方と共有させていただきたい。その思いから豪華ゲスト20名分の対談を一冊にギュッと凝縮したのが、本書です。

この本の制作にあたり、これまでの番組内容を一挙に振り返るうちに、新たな発見もたくさんありました。

一つは、最初からプロである人はいないということ。これは当たり前のことではありますが、つい僕たちの意識からこぼれ落ちてしまいがちなことではないでしょうか。

圧倒的な才能を放って活躍するあの人も、業界で確固たるキャリアを築いているあの人も、決して僕たちとまったく違う世界を生きてきた人ではない。

もちろん、お一人おひとりが持って生まれてきたものや、並々ならぬ努力はおありのはずですが、プロのみなさんも最初は素人からはじまっていて、僕たちと地続きの場所で生きてきて今につながっている……その事実は、ある種の希望になるのではないかと感じました。

この本を手にしてくださったあなたも、本書に登場する方々を悪い意味で「自分とは違う人」「異世界の人」だとは思わずに、「もしかすると、自分にもできるかもしれない」「今日から始めてみようか」と良い意味で身近に感じていただいて、前向きに進んでいくきっかけにしてもらえたら、とても嬉しく思います。

二つ目の気づきは、ゲストのみなさんは今も未知に挑まれ続けているということです。すでに十分な実績がおありで、同じことを続けるだけでも成立するはずなのに、常に新しい表現、新しい手法、新しい領域を探り続けていらっしゃるように感じました。それもさらりと、ごくごく自然に。飽くなき探求心や好奇心がそうさせるのかなとは思いましたが、僕も背筋が伸びるような思いになりました。

もう一つ、多くの方が「自分自身の思考や行動を日頃から言語化していて、それを、模索したり深めたりしていくために活用している」という気づきもありました。クリエイティブな職業に就く人は、センスや感覚で仕事をしていると思われがちです。無論そういった側面もあるかとは思いますが、みなさん言葉を駆使して自分の活動を一歩引いた目線で眺めながら前に進んでいっているような印象を持ちました。対談の中でも、新たに生まれた考えなどをすぐに言語化してくださって、それにより話がいっそう深まることも多々あって、みなさんの言葉の力を再確認したような思いでした。

さて、僕はふだん、ショートショートという「短くて不思議な物語」を執筆しているのですが、ショートショートで大切なのがアイデアです。

そんな僕がこの対談のホスト役として抱いていた思いは、まずはゲストの方から〝深くお話を伺いたい〟ということ。そして、アイデアの力でゲストの方と一緒にそこから新たな気づきや考え方を〝生みだしたい〟ことでした。

それが奏功したかは分かりませんが、実際に対談の最中に「ああ、あの話はここにつながっていたんですね！」と発見してお互いに興奮し合ったり、やり取りの末に新しい概念へとたどりつけたり、新たな創作メソッドが生まれたりする瞬間に何度も立ち合うことができました。それらは対談後も僕の中に残りつづけ、次なる展開へと確実につながっていっています。

僕にとって対談とは、二人だからできる創作活動。そう言えるかもしれません。

同じように、この本を手にとってくださったあなたの中でも新たな発見がどんどん生まれていくことを願ってやみません。

というわけで、いよいよ「コトバノまほう」書籍編の始まりです。

名手20人による言語表現の世界を、たっぷりとご堪能ください！

# 目次

**STAFF**
デザイン　藤塚尚子
DTP　クニメディア
制作協力　猪俣奈央子
校正　鷗来堂
編集　笠原裕貴

# コントも小説もやりたいことはつながっている

## 又吉直樹（お笑い芸人・作家）

PICKUP

**コトバノまほう**

◎語り手によって執筆スタイルを変える

▼その作品の語り手がどんな言葉を使うのかを考えて、作品ごとに執筆期間やスピードを調整する

◎発声することを前提に文章を書く

▼書いて終わりではなく、どう伝えるかまでが大事。言葉の受け取り方や登場人物のセリフなどを考えて、書く

◎一番大事なのは、言葉を使っておもしろいことをする

▼お笑い芸人も小説家もどちらも好きだし、どちらもつながっている。やりたいことは同じ

又吉直樹《またよしなおき》

1980年大阪府生まれ。吉本興業株式会社所属のお笑い芸人。お笑いコンビ「ピース」として活動中。2015年、小説『火花』（文藝春秋）で芥川賞受賞。著書に『劇場』（新潮社）、『人間』（毎日新聞出版）、エッセイに『東京百景』『月と散文』（いずれもKADOKAWA）などがある。

# 最初の創作体験は6歳で書いた漫才のネタ

**田丸**　又吉さんとは知人を介して飲ませていただいたのが最初のご縁で、その後も公私にわたってたびたびお話しする機会をいただいていて。

**又吉**　最初にお会いしたのは、もう何年前になりますか。

**田丸**　僕がデビューして初めて書籍を出版したときですから、10年くらい前ですね。数年前には松山で開催された又吉さんの朗読会のあとに、フルーツポンチの村上さんと一緒に三人で飲ませてもらって、又吉さんと村上さんが俵万智さんのすばらしさを力説されて。その後、僕もあらためて俵さんの作品に触れて大ファンになり、この番組にもご出演いただいたんです。

**又吉**　それはよかったです。俵さんのお話、すごくおもしろいですよね。

**田丸**　又吉さんは芸人でありながら、小説やエッセイも書かれて、短歌や俳句、自由律まで詠まれます。実に多才ですよね。創作の原点って何だったんですか?

**又吉**　最初の創作体験を振り返ってみると、たぶん6歳のときですね。僕には二人の姉がいるんですが、父親の誕生日に「お父さんの誕生日だから漫才をやろう。直樹、なんかネタを考えて」って言われたんですね。

田丸　突然ですか？（笑）

又吉　そう、突然。それで僕がネタを考えて、でもまだ字を書けないんで口頭で伝えて、姉が紙に書き出して、父親の前で漫才をやったんです。

田丸　へぇ、すごい！　お父さんの反応はどうでしたか？

又吉　僕的にはすごく手応えがあったネタだったんですけど、父親はビールを飲みながら、「なにがおもろいんや」って言っていましたね。

田丸　あはは。

又吉　まったくウケなかったんですけど、姉に「考えろ」って言われてからすぐ思いついたのがすごくうれしかったんです。

田丸　考えることができた、と。

又吉　そうなんですよね。それが最初の創作体験で、次は、小学3年生くらいかな。小学生って、文化祭や発表会のときに演劇をやるじゃないですか。当時、僕は大阪に住んでいて、当然ながらふだんはみんな関西弁なんですよ。でも、なぜか演劇のセリフは標準語だったんです。

田丸　たしかに学校の演劇って、方言を使わない印象がありますね。

又吉　僕はそれにすごく違和感を抱いて。なんで、みんなふだん使ってる言葉でしゃべらないんやろうって。それで自分で全部、書き直したんです。

田丸　えっ！

又吉　先生に頼まれてもいないのに。芝居のセリフを標準語から関西弁に直して、みんなに台本を勝手に配って。関西弁の「赤ずきん」をやったんです。そしたら、すごいウケたんですよね。それが僕にとって、すごく気持ちよくて。言葉ひとつ変えるだけで、こんなに反応が変わるんだって、驚きがあったんです。いま思えば、物語を異化できたというか、自分たちの日常に近づけることができた最初の体験でしたね。

## 〝語り手がどんな言葉を使うのか〟で執筆スタイルを変える

**田丸**　いま僕の手元には、又吉さんが書かれた小説『人間』があります。こちらは新聞連載でしたよね。以前、伺ったところによると、かなり厳しい執筆スケジュールだったとか?

**又吉**　日曜・祝日以外は連載があったので、週6本の原稿が必要なんです。通常は2カ月くらい先まで原稿を書いておくんですね。最低でも「20日分は前もって渡しておかなきゃダメだよ」って言われていました。でも僕は、もうほんとギリギリに書いていて。今日の17時までに原稿を送れなかったら3日後に載るものが何もないっていう状態で。

**田丸**　わー、想像するだけで怖いです……。

**又吉**　仕事と仕事の合間に近くの喫茶店に駆けこんで書いたり、喫茶店が見つからなかったらパーカーのフードを深くかぶって、道端で書いたりしていました。ただ、それはわざとそうしていたところもあって。

田丸　わざと、自分を追いこんでいた？

又吉　はい。ふつうに書くと、品のいいものになりすぎる可能性があるなと感じていて。これは『東京百景』というエッセイを書いたときに気づいたことなんです。タイトルにちなんで１００本のエッセイを載せたかったんですが、諸事情で発売日が動かせず、編集者は50本でいきましょうと。ただ、僕はどうしても１００本載せたくて、一カ月で50本くらい書くことになりました。

田丸　えー!!

又吉　一カ月で50本も書くとだんだんハイになるんですよ。それで、ふだん書かないようなロマンチックなことも書けるようになる。編集者に「恋愛モノも書いてください」と言われて、いつもだったら「いや、やめときますわ」っていうのを、もう締切に間に合わないし、今日あと1、２本書かなきゃいけないしって、書けちゃうんです。出版してみると、いつもと違う感覚で書いたエッセイを「おもしろかった」と言ってくださる方が結構いて。

田丸　なるほど。

又吉　そのとき、僕はもしかしたら、人におもしろいと思ってもらえるものまで照れて隠していた部分もあったのかなと思ったんですよね。しなくていい自制をしていたというか。締切に追われているほうが、ガードがゆるくなって、自分の素に近いものが出るような気がします。

**田丸**　執筆のために締切を利用したということですよね。僕自身は締切まで余裕があるほうがガシガシ書けるタイプで、締切まで短すぎると萎えちゃうところがあるんですよね。

**又吉**　わかります。僕も、もうあんな書き方はしないです。

**田丸**　あはは。

**又吉**　じっくり書くのも好きですし、どちらもありますね。
ただ、難しいなと思うのは、たとえばショートショートでも短編小説でも「一本すごいのをお願いします」と言われたときに、数カ月をかけて一本つくったとしても、自分の最高傑作といえるものができるかどうかはわからないということなんですよ。20本つくって、そのうちの一本を選んだほうがおそらくよっぽどいいものができる。なんなら数カ月かけて書いた一本が20本のうちの上位に食い込めるかどうかもあやしいじゃないですか。プロでも〝狙い撃ち〟って難しいと思うんです。

田丸　たしかに。もちろん、ある程度は狙えるのがプロだとは思いつつ、最後はわかりませんよね。それで言えば、長編だと本数は試せませんが、長編の場合は書きながらいろいろと試していくという感じですか？

又吉　そんな感覚はありますね。たとえば小説『火花』の語り手は粗削りな感性を持っている漫才師だったので、時間をかけずに衝動で書いたほうがいいと考えていました。二作目の『劇場』は終わった恋を振り返る語り手なので、『火花』よりも練られた言葉が必要だった。**作品ごとに語り手がどんな言葉を使うのかを考えて、執筆期間やスピードを調整したりしていますね。**

田丸　すばらしいですね。小説は『火花』『劇場』『人間』と三作書かれて、新作を書くモチベーションって、どんなところに置いていましたか？　人生をつめこんだような、あれだけの作品を書くと、書き尽くした感みたいなものもあったんでしょうか？

又吉　僕の場合、もともと作家になるとは思っていなかったんです。でも、「小説を書きたい」という気持ちはありました。もちろん、まわりから勧めてもらったから書いたという側面はありますが、あんな長い文章、自分が書きたくなかったら書けないじゃないですか。

『火花』を書いたあとも、『劇場』を書いたあとも、わりとまだ書きたいことはありました。三部作じゃないですけど、『火花』『劇場』という青春時代のあとを描きたいと『人間』を書いて。この三作でだいたいの持ちネタがなくなった感覚なんですよね。

田丸　持ちネタがなくなって、いまはどういう心情なんでしょう？

又吉　次はどんなものができるんだろうという楽しみな気持ちがありますね。持ちネタがなくなったら、あとは何を書いてもいいじゃないですか。自由ですよね。だから頭の中にあったものを全部出しきりたいという思いもあったんです。ここからつくるものが変わっていくかもしれないです。

田丸　怖さではなく、楽しみなんですね。

又吉　はい。『火花』や『劇場』を書いたあとに、「あの話って三冊くらいに割れたんじゃない？」って言われることがたまにあって。でも、あれはああいう物語だから割る必要はないんですよね。素材を出し惜しんで分割して、味を薄めて商品化することで、自分の表現者としての寿命を延ばそうという気持ちはまったくないんです。

## 言葉とは身体表現、発声することを前提に書く

又吉　僕は「発声すること」を前提に書かれた文章や表現が好きです。だから、俳句や短歌が好きなんですが、そもそも物語も、誰かに語られていたもの。僕にとっても、「書く」と、声に出して「読む」はセットなんです。

田丸　ご自身の作品も声に出して読まれますか？

又吉　そうですね。自分でも書いたものを朗読してみたりしますし、周りの人に読んでもらうときも、黙読ではなく「今から朗読するから、文章を目で追いながら声で聞いて」とよく言ったりします。漫才やコントをやっているのも関係しているんでしょうけど。

田丸　リズムはどうですか。僕は松山出身で俳句に触れることが多かったので、五音や七音がやっぱり気持ちよくて、書くときにも影響していると感じます。

又吉　リズムもすごく意識しています。僕の場合、裏でリズムをとっていることが多いですね。

田丸　裏でリズムをとるとは？

又吉　しゃべる速度とか、言い方とか、間とかを、すごく意識しているんです。みんなが一斉に発言するタイミングで、意図的にちょっとずらして言ってみたり。発声も身体表現の一つ。リズムを調整することで、自分の言いたいことを伝えられる、強度のある言葉になる。だから同じことを言っていてもおもしろい人と、おもしろくない人がいるわけですよね。

田丸　つまるところ、言葉とは身体表現である、と。めちゃくちゃおもしろいですね。

又吉　むかしコンビニでアルバイトをしていたときに、「いらっしゃいませ」とあいさつをしたりレジを打ったり、コンビニ店員にふさわしい言葉と動作で、お客さんをいかに笑わせられるかを試していたことがありました。

田丸　へぇ、そんな実験を！

又吉　暇でしたから（笑）。どのタイミングで、どういう間で、どういう言い方をすれば笑ってくれるのかって考えていて。たまにすごいウケてくれる人がいるんですよ。そしたら「なんで、あの人は笑ってくれたのかな」と考えたり、「いまのはトーンが低すぎたな」と検証したり。

田丸　すごい。試行錯誤を繰り返すわけですね。

又吉　**文章って、書いておわりじゃないんですよね。それをどう伝えるかまでが大事で。「この言葉をこういう感じで受けとってほしい」「この登場人物はこういう性格だから、こう語るはずだ」を考えて、書く。やっぱり体と言葉って密接につながっていると思いますね。**

## 言葉を使っておもしろいことをしたい

田丸　日本語の魅力はどんなところにあると感じていますか。

又吉　**類語が豊富にあるところはおもしろい**ですよね。

田丸　類語辞典を使うこともありますか。

又吉　使います。イメージは頭の中にあるけど、「この言葉じゃないねんな、たぶん」っていうときに使います。あとは、単語一つにその感覚をゆだねていいのかなと思うときがあるんで、ドンピシャの言葉を選ぶのか、もうちょっと広く捉えられる言葉にしておいて、前後の文脈や描写で自分の感覚を表現するのかってとき。とくに小説の場合がそうですね。でもエッセイやコントといった文字数が短いものは、端的に表現するためにドンピシャの言葉を探してくることが多いです。

**田丸** 表現する場面によって使い分けをされているということですね。

**田丸** 子どものころ、作文を書くのは好きでしたか。

**又吉** そうですね。小学校低学年のときに、クラスの文集に僕だけ二つ、作文が載ったんですよ。その作文、二つとも最後の締めが「恥ずかしかったです」なんです。まったく違うことを体験しているのに、なんかずっと恥ずかしがってるんですよ。先生も親も、クラスメイトも、めちゃくちゃ笑ってくれて、「ああ、自分はおもしろがってもらえるタイプの人間なんかな」と感じたんです。

それで作文でみんなを笑わせたいという気持ちが強くなって、小学校高学年くらいになると、おかしな行動をとっていましたね。遠足に行くと、だいたいそのあとに作文を書くじゃないですか。みんなはふつうに遠足を楽しむんだけど、僕だけは遠足のあとに作文を書くのがゴールなんです。

田丸　みんなと目的が違うんですね。

又吉　そうなんですよ。だから、わざとお弁当を忘れていくんです。

田丸　ええっ!?

又吉　友だちに弁当のふたをかりて、みんなのところをまわっておかずを少しずつわけてもらうみたいなことまで想定して、わざと忘れていくんです。

田丸　いやぁ、すごい。作文を書くのが苦手な方から「書くことがない」という悩みをよく聞くんですが、又吉さんの場合は、ネタを見つける以前に、つくっていたわけですね。

又吉　作文で笑わせたいという思いが強くなって、やりすぎてましたね。

田丸　又吉さんにとっての創作の原動力は「笑わせたい」だったんでしょうか。それとも創作自体が好きでしたか？

又吉　創作意欲がまず先にあって、その次に「笑ってもらえたらうれしい」という感覚があった気がします。絵を描いたり、工作をしたり、ものをつくるのも、すごく好きだったので。

田丸　工作ですか？　初めて聞きました。

又吉　とくに得意というわけじゃなくて、紐を引っ張ったら動く貯金箱とかをつくって、ゴミだと間違われて親に捨てられたりしてましたけど（笑）。つくるのが楽しい、好きだという気持ちはありましたね。

田丸　生みだしたい、つくりたいという気持ちが原点なんですね。あえていま携わっていらっしゃることを、乱暴ですが「お笑い」と「作家」にわけたときには、どうでしょう。この二つはまったく違うものをやっている感覚なのか、それともルーツは同じなのか。

又吉　同じですよね。僕は言葉が好きで、おもしろいことも好きで。「言葉×おもしろい」という感覚はコントの中にもあるし、小説の中にもあるし、エッセイの中にもある。僕にとって一番大事なのは、言葉を使っておもしろいことをする、ということなんです。
「又吉さんはお笑い芸人をやりたいんですか、小説家をやりたいんですか」と聞かれることが多いんですが、どちらも好きだし、どちらもつながっているんです。厳密にいうと細かな技術やアプローチは違うけれど、やりたいことは同じなんです。

田丸　なるほど、なるほど。

又吉　だから最近「朗読会」をやっています。僕がいくら「一緒です」と言っても伝わらないと思うので。みなさんに「小説を読んでいるのに、なんか声をあげて笑っちゃった」というのを体感してもらえたら、漫才やコントで笑うのも小説で笑うのも、根底は同じということがわかってもらえるかなと。

田丸　素敵ですね。これからつくられる小説の朗読会も想像して、なんだかわくわくしてしまいました。

又吉　いま取りかかっている長編小説もありますし、エッセイも短編もいろんな作品をこれから10年ぐらいはたくさんつくりたいですね。

田丸　ぜひ、ショートショートも！　楽しみにしています。

# 声の力で、物語の世界を立ちあげていく

## 小野賢章（声優）

PICKUP

コトバノまほう

◎「間」を意識してセリフを読む

▼注目を集めたいとき、集中して聞いてもらいたいときに、意識的に間を空ける

◎目指しているのは「聞いて違和感がない」こと

▼オーディオブックでも、アニメでも、声優というのは違和感をなくしていく仕事

◎イントネーションで今っぽさを表現する

▼抑揚をつけずにしゃべったり、ちょっと尻あがりな感じにしたり、イントネーションで表現する

**小野賢章《おのけんしょう》**

1989年生まれ。福岡県出身。株式会社アニモプロデュース所属。子役時代から映画や舞台など、ジャンルを問わずマルチに活躍。2001年、映画『ハリー・ポッター』で主人公ハリー・ポッター役を担当し、声優としての活動を始める。そのほか、俳優や歌手、ナレーターなど多岐にわたって活動する。

## 「すれちがい」と「勘違い」が物語をドラマチックにする

田丸　初めて自分の本をオーディオブック化してもらったときに、声を担当してくださったお一人が小野賢章さんでした。それから本の推薦帯を書いていただいたり、他の作品も読んでいただいたり。小野さんを題材にした短いお話を書かせてもらったこともありました。

小野　その節は、ありがとうございました。あれは、本当にすばらしい体験でした。

田丸　いえいえ、こちらこそ、いつもありがとうございます。

今日は、言葉をテーマにいろんなお話ができたらと思っています。

事前のアンケートで「国語は好きでしたか？」という質問に「とくに古文が好きでした」とお答えになっていましたね。

小野　はい、好きでしたね。古文も、漢文も。

田丸　へぇ、漢文も！　どんなところがお好きだったんですか？

小野　漢文は「レ点」があったり「上下点」があったり、読み方の作法が日本語とまったく違いますよね。パズルを解くみたいに読み解いていくのが単純におもしろかったんです。古文は文章を通して、昔の人の生活が感じられるのが好きでした。

田丸　過去の時代を想像するんですね？

小野　はい。こういうときに昔の人は歌を詠むんだなとか、みやびな感じがする恋文も、よくよく読んでみると、どろどろしているなとか。

田丸　うん、うん（笑）。

小野　誰が誰に手紙を送っていて、その裏にはこんな時代背景があって……とたどれるのも楽しいですよね。そうそう、僕は「ケータイがない時代に生きてみたかった」という憧れがあるんですよ。

田丸　え！　そうなんですか？

小野　ケータイがあると、すれ違いと勘違いって起きにくいじゃないですか。

田丸　たしかに、そうですね。

小野　日常や物語をドラマチックにしてくれるのは、すれ違いと勘違いだと個人的には思っていて。それをとくに感じたのは『めぞん一刻』を読んだときだったんですけど。

田丸　めぞん一刻！　大好きです！

小野　僕も大好きです。五代くんと響子さんが「ま・めぞん」と「豆蔵」を間違えて、なかなか会えないっていう回があるんです。もしもケータイがあったら、「あれ？いま、どこ？」と聞けば一瞬で解決する話で。でもケータイがないからずっと待ったりお互いに探したりして、一日がかりになってしまう。

田丸　まさに言葉も同じ側面があるなぁと思いながら、聞いていました。言葉には伝えるためのツールという側面があるわけですが、まわりくどくて伝わらないとか、逆に伝えすぎてしまって伝わらないとか、すれ違いや勘違いを生んでしまう装置にもなり得る。

小野　そうですよね。古文で表現される世界も、そうじゃないですか。紙に想いを書いて、やりとりして。恋仲であっても会えない時間のほうが圧倒的に長くて、同じ空の下にいるあの人は何を思っているんだろうとか、会えない時間にあれやこれやと考えて。ほぼ空想の中で生きている人たちの文章だなぁと。

田丸　おもしろいですね。現代では生まれづらい感覚や言葉がありますよね。

## 聞き手の注目を集めたいときに「間」を空ける

田丸　国語というと、授業や宿題で「音読」ってありましたよね。小野さんは、教科書の音読もお好きだったんじゃないですか？

小野　いや、あんまり。間違えたときに恥ずかしいので、率先して読みたいとは思わなかったですね。

田丸　えーー！　これまた意外です。

小野　自分が朗読するよりも、人の朗読を聞いているほうが好きでした。いまもそうなんですが、失敗している姿を他人に見られたくないんですよ。ただ、日本語って難しいですよね。漢字にも音読み・訓読みがあり、言葉によってイントネーションも変わります。間違えるのが嫌なので、いまでも気になることがあればすぐに調べるようにしているんです。

田丸　それは台本を読むときに、ということですよね？

小野　そうですね。まずは台本全体を読んで、自分のパートでわからない言葉があれば調べますし、「これは、どういう気持ちなんだろう」と引っ掛かりを覚える箇所は理解できるまで調べたり考えたりします。それでも迷うときは、現場で「これって、どういう意図ですか？」と聞くようにしていますね。

**田丸** 台本を読みながら、登場人物の心情も理解していくわけですね。

**小野** 同時に、どのシーンを一番際立たせたいかを考えて、その流れができるようにどのセリフをどう読もうかといった組み立てを行います。

**田丸** そのシーンを盛りあげるためにセリフを少し変えたりするようなことも？

**小野** いえ、言葉は変えません。「ここって、脱字ですか？」などと確認することはありますが、脚本を書いてくださる方をリスペクトしているので、勝手に変えることはありません。

**田丸** じゃあ、言い方や声のトーン、テンポで表現していくと。

**小野** そうですね。声色やトーン、大きさもそうですし、あとは「間」をすごく意識しています。

**田丸** 「間」ですか？

**小野** たとえば間が空くと、みんな「ん？　どうした？」ってなりますよね。注目を集めたいとき、集中して聞いてもらいたいときに、意識的に間を空けるんです。舞台であれば、少し動いてみたり。すると、観客の視線が集まるので。

田丸　なるほど。「間」も言葉のうちということですね。

小野　僕、けっこう間をとりがちなんですよ。アニメの場合は尺もセリフを言うタイミングも決まっているので、間を空けると押していっちゃうんですね。なので、いつもギリギリを攻めていて。まわりをハラハラさせてしまって申し訳ないんですけど。

田丸　そうすると、台本にはけっこう時間をかけて向き合うんですか？

小野　作品によって違いますね。それでも劇場は2、3日前から、テレビアニメは前日に読みます。

田丸　わりと直前なんですね。

小野　鮮度というか、新鮮な気持ちでいたいので、事前の準備をやりすぎないようにしているんです。自分の中での第一印象を大事にしたい。「このキャラクターならこんなふうにしゃべるだろう」「もう少し低めかな、ぼそぼそしゃべったほうがいいかな」というふうに決めていきます。いろいろ考えすぎるよりも、最初にポンと直感で出てきたもののほうが正解に近い気がして。あとは現場で要望があれば調整していく感じですね。

## 最も大切なのは、違和感を抱かせないようにすること

**田丸** 僕のショートショートをオーディオブック化していただいたときは、物語が声で立ち上がっていくような感覚があったんです。

**小野** 立体的になっていったということですか？

**田丸** そうですね。声優さんとしては、どんな感覚なんですか。

**小野** うーん。難しいんですけど、僕の場合は、僕の声や芝居を俯瞰して見ているところがあって。**観客や聞き手の想像を喚起したいな、といつも意識していますね。このシーンではどんなイメージを受けとってほしいのか。聞き手の想像が広がるように話します。**たとえば心が落ちこんでいるときに、雨が降っているような感覚を持ってほしいと思えば、少し静かに、落ちついて読んでみようかって。

**田丸** なるほど、イメージ。書かれている言葉からご自身なりに解釈して想像して、固ま

ったものを音としての言葉にしていくということなんですね。僕は作家として、朗読用の作品については音で聞いたときのことを意識しながら執筆しますが、日頃は視覚的にどう届けるかを主に意識しながら書いています。それでいうと小野さんは、後者のほうの朗読用ではない作品、つまり聞くことを前提に書かれていない文章を一言一句変えずに声で届けていく機会も多くおありだと思うのですが、そこに難しさは感じますか？

小野　めちゃくちゃありますね。「難しいな〜、こんなセリフ言ったことないよ〜」とぶつぶつ言いながら、練習することもあります。

田丸　ですよねぇ。

小野　僕が声優として目指しているのは「聞いて違和感がない」ことなんです。オーディオブックでも、アニメでも、声優は違和感をなくしていく仕事だと捉えています。作品一つひとつに合ったものを演じて、提供できたらいいなと考えているんです。

田丸　声に出すときに、とくにやりづらいのは、どんな言葉ですか？

小野　普段しゃべり慣れていない言葉ですね。専門用語とか熟語は難しいです。あと、ずーっと語尾が「です、です」と続いたときに、どんなふうに話せば違和感をなくせるかを考えたりします。

**田丸** あー、なるほど。地の文でよくある「〜なのだ」「〜である」も難しくないですか？

**小野** そうですね。「〜だったのだ」も言いづらいですね。会話ではあまり出てこない言葉ですから。口に馴染んでいないんですよね。だから何度も言ってみる。言い慣れている感じが出るまで練習しますね。

**田丸** 個人的には、小野さんがお好きな古文や漢文を、当時の書き言葉のまま現代に音としてよみがえらせるみたいなものも聞いてみたいです。

**小野** それができたら、すごくいいですよね。『小野賢章の古今和歌集』みたいな。

**田丸** いいですね！　ここまでお話しして小野さんはイメージをすごく大切にされていらっしゃるのだなと感じたので、和歌や俳句に込められた情感を小野さんなりのイメージのまま音声にされたものがあれば、ぜひ聞いてみたいですねぇ。たとえば、同じ一首や一句を何パターンも別のイメージで朗読する試みなどがあってもおもしろいかもと思いました。

**小野** それこそ『百人一首』とかでもいいですね。そっかぁ、いいですね。仕事一個、増えたかもしれないです（笑）。

## 言葉は時代を投影するもの、〝今っぽさ〟も表現したい

田丸　声優のお仕事には、いわゆる国語力が求められると思いますか？

小野　すごく関係していると感じます。言葉や漢字を知っているのもそうですし、読み解く力も。もっと勉強しておけばよかったと思いますよ（笑）。だからいま、仕事を通して一生懸命に学んでいます。

田丸　言葉のインプットも意識的にやられている？

小野　そうですね。僕は親の転勤でいろいろなところに住んでいたので、イントネーションが混じっていて。イントネーションだけに注目して人の言葉を意識的に聞いたり、わからないイントネーションは必ず調べるようにしたり。

田丸　いわゆる若者言葉はどうですか？

小野　ユーチューブで動画やゲーム実況を見るのが好きなので、触れる機会は多いですね。

そこにはネット特有の言葉があふれていて、たとえば「キター」じゃなくて、「きちゃあぁ」って言ったりするんですよ。

**田丸** えっ、ぜんぜんついていけない……（笑）。

**小野** ほかにも「マジ？」と書かずに「マ？」だけ書くとか。「今日雨って、マ？」みたいに。

**田丸** あはは。

**小野** 自分としては使う言葉もあれば、使わないものもあるんですけど、もっとアニメのセリフの中でも、今っぽい言葉があってもいいなと思うことはあります。言葉にはこういう時代が投影されるものですし、あとからふりかえったときに、この時代にはこういう言葉が流行っていたんだなとわかりますし。

**田丸** 今っぽい言葉が使われることって、そこまで多くないですか？

**小野** そうですね。だから、イントネーションで今っぽさを表現したりすることはあります。

**田丸** えっ！　どんなふうに？

**小野** 平坦な話し方をする若い子が多いので抑揚をつけずにしゃべったり、ちょっと尻あがりな感じにしたり。

田丸　へぇ。おもしろい。イントネーションで今っぽさを出すのは文字表現にはできないことです。

小野　そうですよね。それが、田丸さんがおっしゃった、声が乗ることで立体的になる、物語の世界が立ちあがるということなのかもしれません。

田丸　すばらしいですね。声優さんとして日々言葉と向きあっている中で、日本語の魅力を感じることはありますか。

小野　ありますね。日本語って、本当に細やかな言語だなと思うんです。英語の「Ｙｏｕ」一つとっても、「君」「あなた」「おまえ」とさまざまな言い方があって、「おいっ！」の一言で表現することもありますよね。同じ言葉でも漢字で書くのか、ひらがなやカタカナで書くのかによってニュアンスが変わってきます。その一つひとつをチョイスして言葉をつなげていく作家や脚本家の方々は本当にすごいです。表現の幅、奥ゆきみたいなものを出せるのが日本語の魅力かなと思いますね。

田丸　台本でも「君」と書いてあるのに、一カ所だけ「キミ」になっていたら、意識するわけですよね。

**小野**　そうです、そうです。「本当」って書くところを、「ほんとう」と平仮名で書かれている意味はなんだろうって考えたりします。

**田丸**　「ホント」だと、また違うわけですよね。

**小野**　はい、難しいですよね。でも、考えるのが楽しいです。それが言葉と向き合うってことなのかなと思っています。

# 自分の感覚に耳を澄まして、身体をとおった言葉を使う

## 神野紗希（俳人）

PICKUP

コトバノまほう

◎言葉にするとは、見えなかったものを可視化すること

▼そこにあるものを見えるようにしたり、意味づけたり、反対に見えなくしたりする力が言葉にはある

◎他の人の言葉を摂取して語彙を増やす

▼本や漫画などから言葉を摂取していくと、語彙が増えて、自分の中で日本語が磨かれていく

◎良い句をつくるためには「嘘をつかない」

▼言葉はそもそも借り物であるなかで、自分なりの表現ができているか、オリジナリティがあるかを見る

神《こう》野《の》紗《さ》希《き》

1983年愛媛生まれ。2004年にNHK-BS「BS俳句王国」の司会、2013年からNHK-Eテレ「俳句さく咲く！」で選者として出演。2020年第11回桂信子賞受賞。著書に『すみれそよぐ』（朔出版）、『もう泣かない電気毛布は裏切らない』（文春文庫）、『初心者にやさしい俳句の練習帳』（池田書店）など。

# 言葉を真ん中に、人とつながれる俳句の魅力

**田丸** 僕は愛媛県の松山東高校卒なんですが、神野さんも同校のご出身で四つ上の先輩です。

**神野** はい。私が卒業したあとに、田丸さんが入学していらっしゃった。

**田丸** 青春時代を詠んだ神野さんの俳句を読むと東高を思い出します。たとえば「起立礼着席青葉風過ぎた」。東高の校舎に、ばあっと風が吹き抜けていく様が目に浮かびますね。

**神野** ふふふ。よく風が通る校舎でしたよね。たしかに学校の風景を詠むときは私も東高を思い浮かべて、あの校舎のあの窓から、あの廊下の右側の教室あたりというふうに設定していますから。同じ空間を体験している田丸さんは、イメージしやすいかもしれませんね。

**田丸** そもそも俳句を詠むようになったきっかけは何だったんですか？

**神野** 松山で生まれ育った方はみなさん「そう、そう」と言ってくださると思うんですけ

ど、小学校の夏休みにね、俳句を詠む宿題が出ますよね。それが最初の俳句との出会いです。ただ、本格的に興味を持ち始めたのは高校生のとき。所属していた放送部で「俳句甲子園」を取材したのがきっかけです。

田丸　へぇ。取材がきっかけで。

神野　それまで私が俳句に抱いていたイメージが変わったんですよね。私が知っていたのは教科書に載っているような句で、カエルが水に飛び込んだとか、あまりおもしろさがわからなかった。でも、高校生がつくった俳句は、進路に悩んだり恋をしていたり「あ、この気持ちなら私もわかる」というものだったんです。

田丸　俳句が身近な存在になったんですね。

神野　はい。しかも俳句甲子園がすごいのは「詠む」と「読む」が一つの場所で完成していること。詠んだ句をお互いに「ここの『や』は『に』じゃダメなのか？」などと細かな部分まで語り合うんですよ。

ああ、俳句って短い言葉で、こんなにも人の心に届いて、こんなにも語り合える奥深いものなんだなと感じました。

田丸　それでご自身でも詠んでみたいと。そのあと、神野さん自身も「俳句甲子園」に出られていますよね。

神野　はい。

田丸　「カンバスの余白八月十五日」。この句で最優秀賞をとられた。いろんな解釈ができる、想像の翼がまさに余白のように広がっていく素敵な一句ですよねぇ。
神野さんにとって、俳句甲子園とはどのような場所でしたか？

神野　創作の喜びをダイレクトに教えてくれる場所でした。自分が書いたものを読者が読んでいる姿ってなかなか見られないじゃないですか。

田丸　そうですね。

神野　俳句甲子園では、作品がバーンと会場にはりだされて、俳句好きな人だけじゃなく、たまたま会場近くのアーケードを歩いている人も立ちどまって読んでくれたりするんです。その姿を見て、どきどきしたり。そんなふうにダイレクトに自分の作品を世の中に届けていく経験をさせてくれた。そんな幸せを高校生のときに知ってしまうのは、もしかしたら酷なことかもしれません。その幸せを知ってしまったら、もう戻れませんから。

田丸　神野さんにとって俳句を詠む原点であり、原動力になった場所なんですね。
神野　はい。俳句が持つ言葉の力を強く信じさせてくれた場所ですし、いまの高校生にとってもそんな場所であり続けてほしいなと願っています。

## 言葉にするとは、見えなかったものを可視化すること

田丸　仕事以外で読む本は、どんなジャンルが多いですか？
神野　そうですね。詩歌以外ではジェンダーやケアの問題といった社会学系の本が多いかもしれません。こういった本を読むと、**言葉にするというのは、見えなかったものを可視化することなの**だと気づかされますね。
田丸　見えなかったものを可視化する、ですか？
神野　ええ。たとえば身近なところでいうと「名もなき家事」って、最近になってよく使われるようになった言葉ですよね。「洗濯」や「食器洗い」みたいに名前がついている家事ではなく、ゴミ出しのときにペットボトルのラベルを外すとか、使ったも

のを元の場所に戻すとか、汚れたお皿を水につけておくとか。はっきりと名前がついているわけじゃないけれど存在している家事。これらをラベリングして可視化することで、名もなき家事の負担をわけあったり、家庭運営をスムーズにしたりできると。

田丸　なるほど。名前がつけられることで、存在が確認できる。

神野　そうなんです。**言葉はコミュニケーションのツールだけじゃなくて、そこにあるものを見えるようにしたり、意味づけたり、反対に見えなくしたり……そんな力も持っているんだなぁと。**そうそう、言葉の力といえば子どもに絵本を読み聞かせしているときにも感じています。

田丸　絵本ですか？　どんなふうに感じているんでしょう？

神野　うちの5歳の子どもが谷川俊太郎さんの『もこ もこもこ』という絵本が大好きで、よく一緒に読むんです。この本って冒頭のページが「しーん」って書いてあるだけなんですね。次のページをめくっても「もこ」とか「にょき」とかオノマトペだけ。絵も抽象的で、中ほどでなにか大きな塊が口をあけて、「ぱく」って食べるんです。その場面がくると、毎回子どもが大笑いして。

田丸　あはは。おもしろいんですね！

神野　「しーん」とか、「もこ」「にょき」「ぱく」としか書いてないのに、ワハハハって声をあげて笑うんですよ。音だけでもちゃんと一つの物語が、受けとる人の中に生まれているんだなぁって。意味を超えた言葉の力を感じますね。

田丸　言葉を多く連ねなくても、受け手の中でどんどん想像がふくらんでいくわけですよね。意味を超えていける。すごいなぁ。

田丸　言葉の感性といったものを磨くアドバイスを教えていただきたいです。

神野　私は俳句の句会に行って他の人の作った句から言葉をもらったり、句集を読んで言葉が増えていったりするんですけど、もう何でもね、漫画でも歌でも他の人の言葉を摂取していくと、語彙が増えて自分の中で言葉が出来上がっていきますよ。それこそ『鬼滅の刃』とか、日本語が磨かれていいですね。

田丸　『鬼滅の刃』ですか！

神野　普通5歳が「よもや」とか言わないじゃないですか。でも「猪突猛進」とか「よもやよもや」とか「不甲斐なし」みたいなのを言うんです。鬼滅の刃という漫画を通して、言葉を摂取する。それが自分の言葉になって広がっていくので、いろんなものを読んで、言葉を増やしていくことが一番いいと思いますね。
でも、なかなかそういう時間が取れない時は、時候の挨拶をメールで送る時に「お世話になります」ではなくて、「今朝、東京はとても冷えていますが、松山ではどうですか」とか。ちょっとしたことでいいんですけど、**今感じている季節を一言、手紙でもメールでも打つ時に入れておくようにすると、今自分が感じているものを言葉にする訓練が日常の中でできます。**で、受け取った人もうれしいですよね。

## 「すみれそよぐ生後0日目の寝息」はいかにして生まれたか？

**田丸** どんなふうに俳句をつくられているのかについても伺いたいです。
「さぁ、つくるぞ」と机に向かう感じですか？ それとも生活している中でフレーズが降りてくる？

**神野** そうですねぇ。私は、夜とか早朝とか、子どもが寝ている時間に机に向かってつくることが多いですね。人と接する時間帯はどうしても頭が「散文モード」になるので、誰ともしゃべらなくていい、誰からもメールや電話がこない時間帯に、俳句をつくっています。

田丸　へぇ、散文モードっておもしろいですね。僕はてっきり四六時中、俳句をつくるモードになっていらっしゃるのかと。

神野　うふふ。そんなわけないじゃないですか（笑）。

あ！　でも、どうしても五七五は目に飛びこんできますね。この前もニュース記事を見ていたら「何つくる？　バレンタインの神レシピ」という見出しがあって、「あ！　これ俳句じゃん！」って。

田丸　ほんとだ、季語も入ってる！

神野　ね、バレンタインって季語も入ってます。ちゃんと俳句ですよね。

田丸　2020年に発表された第三句集『すみれそよぐ』の表題句、「すみれそよぐ生後0日目の寝息」。この句は、どうやってできたんでしょう？

神野　これは、帝王切開した手術台の上で詠んだ句です。

田丸　えーー!!

神野　帝王切開って、半身麻酔なんですよね。だからこちらの意識はハッキリしているんです。子どもが出てくるまでは私も緊張していたんですが、いざ子どもが無事に生まれて、「じゃあ、おなかを閉じますね」と先生が縫い終わるのを待っている間は、けっこう暇で。

田丸　あはは。

神野　じゃあ、せっかくだから、いま俳句をつくろう！　こんな経験はめったにできないんだからと。

田丸　すごい……。

神野　田丸さん、赤ちゃんの産声ってどんなイメージがありますか？

田丸　「おんぎゃあ、おんぎゃあ」って感じですか？

神野　ですよね！　ドラマでも、けっこうハッキリと「おんぎゃあ」って泣くじゃないですか。でもうちの子は「ふえぇ」しか言わなかったんです。〝えっ？　大丈夫？〟ってこちらが心配になるくらいで。

田丸　うん、うん。

神野　俳句をつくるときには、まず核となる言葉を決めるんですが、息子の「ふえぇ」っていう産声を聞いて「寝息」を核にしようと考えました。

田丸　最初に決めたのが「寝息」だったんですね。

神野　はい。じゃあ、どんな寝息かっていうと状況としては、いま生まれたばかりだから「生後0日目の寝息」。あ、これで12音になったなと。でも状況だけだとつまらないから感覚を足そう。子どもの呼吸の頼りなさを表現したいな。季語も入れなきゃ。出産は2月で、いまはすみれの花が咲いている時期だよなぁ。子どもの息は、すみれの小さな花がぎりぎりそよぐぐらいだったなと思って、「すみれそよぐ」が出てきて。そんなふうに寝息という言葉に「状況」と「感覚」を足して生まれたのが、この句です。

田丸　わー、すごい！　そういう意味でいうと、手術台の上にいた時間は、いつも俳句をつくっているときの夜の感覚といいますか、日常からモードを切り替えられた瞬間だったんですね。

神野　そうなんです。ほかのことが一切できない。そんな環境に身をおくと、一気に言葉が寄ってきてくれることがありますね。

## 嘘をつかない、自分の言葉で表現するということ

田丸　良い句をつくるために、大切にしていることはなにかありますか。

神野　「嘘をつかない」ことでしょうか。言葉はそもそもすべて、他の誰かがつくったものですから借り物ではあるんですけど。俳句をつくりおえて「この言葉は、借りてきているな」「ちょっと格好つけているな」と思ったら、句集には選ばないですね。

田丸　「嘘をつかない」、大事ですよね。恐縮ながら、僕も近しいことを大事にしていて。自分に馴染んでいる、定着している言葉かどうかを意識していますし、言葉だけじゃなく、発想やアイデアもそうですね。俳句にも類想ってあると思うんですが、ショートショートにもあるんです。

神野　ベタとか、ありきたりとかですか？

田丸　そう、そう。わかりやすいところでいうと「夢オチ」とか。最後は「実は、夢でした」で終わる。

神野　それは、やっちゃダメなんですよね？

田丸　いいえ、やってもいいんです。やること自体はぜんぜん、いいんですよ。ただ、夢オチの作品はたくさんあって、やっぱり手垢がついた結末なんです。そんな中でも自分なりの表現ができていたり、オリジナリティのある作品になっていたりすればいいのですが、それってすごく難しい。「どこかで読んだことをやっている」のが作品にも出ちゃうんですよね。

神野　なんかね、出ちゃいますよね。俳句は、季語も人の言葉ですし、過去の俳句をふまえて詠まれることも多いですし、参照性の高い文学です。油断すると、人の言葉になってしまう。自分の言葉にするのが大変で。でもそれが楽しいんですけどね。

田丸　もう一つ今日聞きたかったことがあるんです。それは「言葉と感覚の結びつき」について。俳句には季語がたくさんありますよね。たとえばノウゼンカズラとか、サルスベリとか、花の名前もそうです。それらを僕は単語としては知っています。ただ、その言葉を目にしたときに想起されるイメージの感覚は、残念ながらあまり持ち合わせていない。季語を丸暗記してもきっといい俳句は生まれないでしょうし、言葉が持つ感覚をどう吸収されていったのか、もともとお持ちだったのか、知りたいです。

**神野** 両方あるのかなと思います。俳句には「吟行（ぎんこう）」と呼ばれるものがあって。たとえばノウゼンカズラを季語にしたいときに、ノウゼンカズラが咲いている場所に行って、どんな花なのかを感じながら詠む、ということをやるんです。日常の中でも、たとえば子どもを乳母車に乗せて寝かせようとしているのに、当の本人はくちなしの花のにおいを嗅いで、きゃっきゃっと笑っているとしたら、「あー、もう！」という気持ちと一緒に、くちなしの花のにおいが体に入ってきますよね。その感覚を覚えておく。やっぱり、体験を積み重ねることで言葉が自分の身になっていくのかなと思います。

**田丸** なるほど、興味深いです。

**神野** 反対に、「ああ、あれが『風光る』っていう感覚だったのか」とか、「学生時代の帰り道でぽろぽろ肩に落ちてきたのが春の季語『竹の秋』だったのか」と、あとから言葉を知るケースもありますよね。そんなとき言葉によって見えていた世界が少しだけ変わる。過去の体験に言葉が補完されて、世界を見る解像度があがるんですね。

この体験もとてもおもしろいので、俳句を詠んだことがない方も機会があればぜひ「歳時記」という季語の辞典をパラパラめくってみてほしいです。「あ、この感覚、知っている！」という言葉がきっと見つかると思います。

田丸　日本語を生業にされている神野さんだからこそお聞きしたいのですが、好きな日本語とかってあるんですか。

神野　俳句だと「風光る」っていう季語はやっぱり好きですね。春の季語なんですけど。

田丸　「風光る」は俳句のことを知っていくと、わりと最初のほうに出てくる有名な季語ですよね。僕も最初聞いた時に「『風光る』って何だ」と思いながら。でも「この感覚、あの感覚かな」っていうのが徐々に近づいていくのがすごく心地がいいんですけど、それがお好きなんですね。

神野　そうですね、何かアニメでエフェクトをかけているみたいな感じがしませんか。「風光る」という言葉が世界にインストールされることによって、見えている世界がちょっとキラキラする、みたいな。言葉によって世界の見え方が変わってくるっていう、非常にわかりやすい例だなと思っています。**言葉は現実を写し取るものだ**

けではなくて、言葉を通して現実を認識するものだから、そういう意味では風が光っていると思うと光るし、夏だと「風死す」になるんですよね。夏は風死んじゃうんです。

田丸　えー、知らなかったです。

神野　そう、パタッて風が止んで、めっちゃ暑いっていう時あるじゃないですか。あの炎天下の暑くてベターッとしたのが「風死す」だったり。だからただ暑いなと思うと暑いだけなんですけど、「今の暑さは風死す」だなとか、細かく感じられるようになると、暑さもそれなりに楽しめるっていうところが俳句のいいところですかね。

田丸　いいですね。確かに、「風死す」がこれだと思ったら、嫌な日もどこか楽しく風流になりますね。

## 誰もが俳句を楽しめる「ワントーンコーデ法」

田丸　いま僕の目の前に、台本があるんですけれど。すごく怖いことが書いてあるんです。

神野　「田丸さんも、一句詠んでみてください」と。

田丸　あはは。ぜひ、一句詠んでみましょうか。ただ、フリーハンドでお願いするのはさすがに悪いので、今回は私、メソッドを持ってきました。

神野　えっ！　ありがとうございます！　どんなメソッドを？

田丸　「ワントーンコーデ法」というのをね、ちょっと編み出しまして。言葉をコーディネートして俳句を詠む方法なんですけど、実際にやってみますか？

神野　ぜひ、お願いします！

田丸　たとえば春の季語に「梅の花」ってありますよね。梅の花を〝綺麗だな〟〝優しい〟のような形容詞・形容動詞で表現するとしたら、なにが思い浮かびますか？

神野　梅の花のイメージですよね……。僕の個人的な感覚でいうと「儚い」かな。僕はいわゆるおばあちゃん子なんですけど、祖母の家に梅の木があったんですよ。祖母が老いていく感じとか、そのあとに桜が待ち構えているあの感じを想像して「儚い」「切ないな」って。

田丸　いいですね！　では次にいったん、梅の花のことは忘れて、ほかに「儚い」「切ない」と思うものを挙げてみてください。

田丸　関係ないものでいいんですよね？　いまパッと浮かんできたのは「赤ちゃんの靴下」。ちょうど最近、スーパーで赤ちゃんの靴下が片方だけ落ちているのを見て。なんか、ぎゅっと胸をしめつけられたんです。靴下を落とした子に思いを馳せて、勝手に成長を願うと同時に、その成長に少し寂しくもなったりして。

神野　うん。田丸さん、もう一句できました！

田丸　えっ、ほんとですか？

神野　「赤ちゃんの靴下落ちて梅の花」

田丸　わーーーー！

神野　一見遠いようにみえる「赤ちゃんの靴下」と「梅の花」を「儚い、切ない」という気持ちが繋いでいるんです。あとは、どんなふうに組み合わせたらより伝わるのかを考えればいいと思います。

田丸　わー、ほんとだ。気づいたら一句できてしまった。めちゃくちゃ不思議な感じがします。

神野　「儚い」という気持ちのワントーンコーディネートができました。これ、反対にメリハリをつけてコーディネートすることもできるんですよ。やってみますね。梅の花が「儚い」と思ったとき、「儚い」の反対は何でしょうか？ 仮に、「図太い」とします。「図太い」と聞いて、何をイメージしますか。もし「象の足」が思い浮かんだら、こんな一句ができます。「梅咲いてアフリカ象の足太し」。梅の花の儚さとアフリカ象の力強さが対比になって際立ちますよね。季語のニュアンスを形容詞で上手に引き出して、そこから一歩展開していくとおもしろい俳句ができます。

田丸　これまた、すごい。図太いと聞いて、僕は「排水口の髪の毛」が浮かんできました。

神野　いいですね！ 排水口の髪の毛ね、取ったと思っても絡みついてくるんですよね（笑）。

田丸　「梅咲いて排水口の髪の毛が」。外にはあんなにきれいな梅の花が咲いているのに、私はお風呂掃除をしなくちゃいけないみたいな日常の俗っぽいところもうまく入ってきます。

神野　おもしろい！

田丸　こういうふうにつくると、アイデアを引き出しながら自分ならではの句ができますよね。

**田丸**　いやぁ、すごいなぁ。そしてなにより楽しかったです。家族や友人と一緒に、絶対またやります。素敵なメソッドまで、本当にありがとうございました！

# 自分なりの解釈を声に乗せて、表現する

**葉月のりこ（朗読家）**

PICKUP

コトバノまほう

◎「文章は上から（高い音から低い音へ）落ちる」ように読む

▼初心者の人に朗読の仕方を教えるときは、「抑揚」「緩急」「間」を意識させる

◎文章を、どう解釈し、どう表現するかが大事

▼朗読家は、読む練習よりも考えている時間のほうが長く、解釈をしっかり表現できるように読む

◎朗読は、人の気持ちを考える癖がつく

▼登場人物の気持ちをみんなで考え、解釈して、表現できるようになっていく

葉月《はづき》のりこ

朗読家・朗読講師。（一社）日本朗読検定協会認定教室プチプラージュSETAGAYA主宰。朗読公演のプロデュースや演出、小中高生の朗読指導、ハヅキ朗読メソッド®で朗読の効能を広めることにも力を注いでいる。監修書に『CD&QR音源付き プロが教える朗読 心に届く語りのコツ50 改訂版』（メイツ出版）ほか。

# 朗読の秘訣は「文章は上から（高い音から低い音へ）落ちるように読む」

田丸　葉月さんにはこれまで僕の作品も多く朗読していただいてきて本当に感謝しかないのですが、改めて、朗読家のお仕事とは具体的にどんなものなんですか？

葉月　朗読会やイベント、コンサートなどの出演依頼を受けて朗読をするお仕事ですね。ありがたいことに、ここ数年は企画段階から関わらせていただく機会が増えていて、朗読の場づくりからお手伝いしています。

田丸　へぇ！

葉月　たとえば図書館からの依頼では、もちろん私が朗読するんですけれど、地元の高校生に朗読を教え、舞台で発表していただくという企画を立てて、一緒に朗読を楽しみました。

田丸　朗読するうえで大事なこと、気をつけたほうがいいポイントってありますか？

葉月　**初心者の方に朗読の仕方を教えるときにはまず「文章は上から落ちるように読みま**

しょう」とお伝えしています。

田丸　上から落ちるように読む、ですか？

葉月　つまり、抑揚をつけるということなんですが、日本語の抑揚は高いところから低いところに流れていくんですね。高低差がないと、ロボットのような話し方になってしまいます。

田丸　違和感が出るんですね？

葉月　はい。あとは緩急を意識することです。たとえば田丸さんの『夕陽売りの少女』（『おとぎカンパニー』収録）の文章で、「ぼんやりとそう思いながらも、そのまま通り過ぎようとした。そのときだった」は、「ぼんやり」をゆっくり読んで、「そのときだった」を速く読むとか。

田丸　すごい。いま、葉月さんが実際に朗読してくださったんですが、やっぱり引き込まれますね。

葉月　大切な言葉を強調したいときには、読む前に少し間をとって、言葉を立たせます。「影の正体は少女だった」の少女というワードを際立たせたいときは「影の正体は、少女だった」と少女の前に読点を入れるイメージです。

田丸　文章に読点は書かれていないけれど、音として「、」を入れると。場合によっては読点を入れずに流したほうがいいときもあるんですよね？

葉月　そうなんです。朗読家にとって大切なのは、そのストーリーなり文章なりを、どう解釈するか。その解釈をしっかり表現できるように読みます。

田丸　では、読む前にどう解釈してどう表現するかを考える時間が必要ですね？

葉月　はい。読む練習よりも、考えている時間のほうが長いと思います。

## 朗読の魅力
## 人の気持ちを考える癖がつくのも、

田丸　朗読ならではのおもしろさって、どんなところにあるんでしょう？

葉月　みんなで聞くことができる、複数人で楽しめることでしょうか。小学校で読み聞かせをすると、40人くらいの児童が本当に熱心に聞いてくれるんですよ。

田丸　僕も幼いころ、祖母や母から絵本の読み聞かせをしてもらっていました。寝る前に僕と弟と、いとこが一緒に聞いていて、とても楽しかったんですよね。お話の途中で僕が勝手に話の続きをつくって、弟やいとこがゲラゲラ笑ってくれて。僕にとって創作の原体験の一つです。朗読だから、みんなで一緒に体験できた。テキストだと難しいですね。

**葉月** そうなんですよね。黙読は、自分だけの世界に閉じこもっているようなイメージがありますよね。聞くという行為は、もっと余裕がある感じ。ゆったり、のんびりとお話の中に身を置くような。

**田丸** たしかに、音だと、包まれるような感覚がありますね。朗読されていて、日本語におもしろさや魅力を感じますか？

**葉月** そうですね。日本語は流れるような美しさがありますし、音が柔らかいと思います。外国語は強弱のアクセントが多いのですが、日本語は高低のアクセント。柔らかくふわりと落ちていくような感じがするんです。

**田丸** ははぁ、日本語は柔らかい音ですか。朗読すると、じっくりと日本語の良さを味わえそうです。

**葉月** 子どもたちに朗読を教えていると、あらためて朗読の効能を実感します。黙読の場合、わからない言葉があってもわざわざ調べようという気にならないじゃないですか。そのまま読み飛ばせますから。でも朗読の場合は、わからない言葉や読めない漢字があると、子供たちは絶対に調べます。つっかえてしまって先へ進めませんから、必ず自分で調べてくれるんです。

**田丸** なるほど、主体的になれるんですね。

**葉月** それから、人の気持ちを考える癖がつきますね。朗読する前に、「このセリフはどういう気持ちで言っているのかな」「こういうことを言われたら、どう思うだろう?」というふうに登場人物の気持ちをみんなで考えるんです。最初は表現することを恥ずかしがっていた子も、回を重ねるごとに、少しずつ楽しくなっていく。登場人物の気持ちを解釈して、表現できるようになっていきます。

**田丸** すばらしいですね。物語の解釈が多様であることも、きっとわかるでしょうし。

**葉月** わかります、わかります。たとえば怖いお父さんが登場するお話だったとして、いつも怒鳴っているのか、それとも冷静に低い声で話すのか。様々な解釈ができますし、正解は一つではないんですよね。

田丸　朗読をする側ではなく、聞く側にとっては、どんな効能があるんでしょう?

葉月　私は聞き手のときは、ぼーっとして、物語の世界に身を委ねます。なにも考えずに、ゆったりとした気持ちで。

田丸　聞かせてもらう側からすると、多少意味がわからなくても聞けてしまう良さがありますね。僕も幼いころに読み聞かせしてもらった話をぜんぶ理解できていなかったと思うんです。でも、すごく楽しかったという記憶は残っていますから。

## 朗読しやすい文章は、黙読でも読みやすい

田丸　朗読って「文章」と「映像」のあいだにあるもの、という気が僕はしているんです。文章であれば、どう読むかはすべて読者に委ねられていますよね。解釈の自由度が大きい。一方、映像は視覚的に情報を全部見せるわけなので、良くも悪くも解釈がかなり固定化されます。

朗読は、朗読する方の解釈のもとで音になっている分、文章より固定はされますが、

**それがほどよく想像の方向づけをサポートしてくれる感じがするんです。**

**葉月**　そういう部分はあると思いますね。私は朗読する側ですから、なにかしら聞いてくださった方に言葉を残したいと、やっぱり考えてしまいます。

**田丸**　書き手として本当に心強いパートナーです。葉月さんは、本も出版されていますよね。朗読家として読むときと、著者として書くときでは、言葉に向きあう姿勢は違いますか？

**葉月**　そうですね。私の場合、小説ではなく、出版したのは朗読のトレーニング本ですので、基本的には同じですね。レッスンを受けてくださっているような感覚で読んでもらえたら。朗読するときと同じで、すんなりと読めるように心がけて書きました。

**田丸**　なるほど。いまって書く力が求められる時代じゃないですか。ビジネスパーソンもメールを書いたり、書類をつくったり、読みやすい文章を書きたいという人が多いと思うんです。

**葉月**　はい。

**田丸**　**読みやすい文章にするため、書き言葉を上達させるために、「音」で考える。書い**

たメールや企画書などを声に出して読んでみる。そういったことも一つの手だなと思いました。それで言うと、たとえば「朗読から入るビジネス文書」みたいな実用書があってもよさそうだなぁと。あと、お堅くて頭に入ってきづらい公的文書を音のプロに監修していただくのもいいかもしれません（笑）。

**葉月** （笑）。ある企業の教育用ＣＤのナレーションをしたことがあります。関わった業界ですので専門用語は理解できるのですが、大切な言葉が多すぎて、とても読みにくかったです。朗読しやすい文章は、黙読しやすい文章でもあると思います。

**田丸** なるほど！　いいヒントをいただきました。ありがとうございます。
最後に、葉月さんが朗読家としてこれからどんな社会を目指していらっしゃるのか、お聞きしてもいいですか？

**葉月** 目標というと大げさですが、人生１００年時代といわれている中で、朗読がみなさんにとってもっと身近な存在になって、生活を豊かにするものになったら、うれしいですよね。
たとえば、子育て中の方が子どもを寝かせるために、あるいは文字を覚えてもらうために読み聞かせをするだけではなくて、遊び感覚で取り入れていただくと楽しいと思います。

**田丸**　遊びの延長上に、朗読があるイメージですか。

**葉月**　はい、言葉を使って遊ぶ機会が増えるといいなって。私も子どもと一緒に紙芝居をつくったり、お互いに読みあったりしていました。

**田丸**　楽しそうです。身構えず、もっと身近なものであってほしいですよね。

**葉月**　それからもう一つ、病気のリハビリにも朗読は使えると思っているんです。以前、失語症のリハビリに関わったことがあるのですが、失語症の方は、言いたい言葉がパッと出てこないときがあるんですね。

**田丸**　はい。

**葉月**　リンゴが食べたいのに「リンゴ」という言葉が出てこないからストレスも溜まりますし、だんだん自信もなくなって、しゃべる機会が減ってしまうそうなんです。ただ、「この文章を読んでみてください」とお願いすると、ふつうに読める。朗読で声を出しているうちに少しずつ自信を取り戻していくんです。そういったことにも朗読は役立つんだと発見した出来事でした。

**田丸**　僕は定期的に少年院を訪問しているんですが、少年院にいる子どもたちは感情表現が苦手な子が多い。自分の言いたいことをうまく言葉にできないからストレスが溜まって暴力につながってしまうと現場の方から聞いたこともあります。実際に、詩の朗読をされている少年院もあります。朗読が持つ効果をあらためて感じますね。

**葉月**　気軽に朗読に触れてほしいですね。身近な存在として社会に浸透していってくれたらと思いますし、私もそのお手伝いをしたいと思っています。

# 言葉の力は、生涯を貫く大切な武器

## 苅谷夏子（「大村はま記念国語教育の会」理事長・作家）

PICKUP

コトバノまほう

◎〝自分の心にあることを言いたい〟はず

▼言葉を交わす根本には〝伝えたい〟ことがあるはず。言葉の役割の基本の部分をもっと見つめたい

◎言葉の力は子どもに贈ることのできる生涯の武器

▼言葉は、一生そばにあって、必要なときに自分を支えてくれたり、考えを一歩前に進めてくれたりする

◎最初に思いついた言葉に飛びつかない

▼沈黙を受け入れて、自分が言いたいことにもっとふさわしい言葉、より相手に伝わる言葉はないかを考える

苅谷夏子《かりやなつこ》

1956年東京生まれ。大田区立石川台中学校で、国語教師大村はまに2年半学ぶ。現在「大村はま記念国語教育の会」理事長。著書に、『教えることの復権』（ちくま新書）、『評伝 大村はま―ことばを育て 人を育て』（小学館）、『優劣のかなたに』（ちくま学芸文庫）、『タカシ大丈夫な猫』（岩波書店）ほか。

## 言葉を交わす根本にある
## 〝伝えたい〟という想い

**田丸**　本日のゲストは「大村はま記念国語教育の会」事務局長（2020年当時）で作家の苅谷夏子さんです。僕は昨年、あるWebコラムを読んで「大村はま先生」の存在を知りまして。それは国語教師だった、故・大村先生の伝説の授業を紹介する記事だったんですが、その内容にたいへん感銘を受けて、もっとお話を伺いたいと今日の対談が実現しました。お引き受けくださり、ありがとうございます！

**苅谷**　こちらこそ。私も今日を楽しみにしていました。

**田丸**　苅谷さんは、大村先生から直接指導を受けた教え子でもあるんですよね？

**苅谷**　はい。中学一年生の九月に、当時64歳だった大村が勤務していた大田区立石川台中学に転校して、そこで2年半、大村国語教室の授業を受けました。

**田丸**　長年、大村先生について研究されてきた苅谷さんと国語教育についてお話しできたら、と思っています。まずは「日本語とはなにか」ということについて。苅谷さんは、母国語としての日本語をどんなふうに捉えていますか？

苅谷　そうですね。母国語としての日本語って、いわゆる〝お母さん〟みたいな存在なのかなと思いますね。母国語は大事だとわかっているし、みんなその恩恵にあずかっているんだけど、当たり前の存在すぎて、ふだんはその大事さに気づかない。お母さんが毎日ご飯をつくり、洗濯をしてくれることのありがたさに気づかないのと一緒でね。

田丸　お母さんみたいな存在ですか。なるほど。わかりやすいです。

苅谷　私、何年か前に階段から落っこちて、足を3カ所も骨折してしまったことがあるんです。長く足を固定していたら、足首の関節がすっかり固まってしまって、気がついたら歩けなくなってしまいました。

田丸　えっ……、それは大変でしたね。

苅谷　ええ。もう50歳を過ぎていたんですが、それまでは無意識にやっていた「歩く」ということについて、リハビリ治療を受けながらイチからやり直ししなければならなかったんです。ああ、こういうふうに体重を乗せればいいんだなとか、こう足首を返せばいいんだって。その結果、歩けるようになりました。

田丸　よかった！

苅谷　それでね、おもしろいことに歩くことをあらためてやり直したら、当時悩まされていた腰痛が治ったんです。

田丸　正しい歩き方のフォームが身についたおかげで？

苅谷　そうなんだと思います。言葉も同じでね、見直す機会があると気がつくことがあるんじゃないかなと思いますね。でも**母国語はあまりに当たり前の存在で、急に話せなくなったりしないし、だから立ちどまって見直すきっかけがなかなかないわけです。**

田丸　たしかに、そうですよね。いま、巷にあふれている日本語で気になることはありますか。

苅谷　挙げたらキリがないんですが、通信技術の発達で情報のやりとりがとても簡単になって、不必要なくらい言葉があふれているのが現代ですよね。炎上なんてものがあったり、ひと昔前だったら目に入らなかったような、背後に隠れていた言葉がずけずけと露出したり。言葉を交わす良さよりも、なんだかそら恐ろしさを感じてしまっている人が増えているんじゃないでしょうか。だから多くの人が、**自分の気持ち**

や考えを相手にまっすぐに伝えるために言葉を使うよりも、トラブルなく伝えることにずいぶん神経を使っているなと思いますね。言葉が自分から離れているような、会話をしても誰も本当のところは話していないような、そんな感覚があります。

田丸　言葉に対して臆病になっている、と。

苅谷　はい。私は仕事で、小中学校の国語教室を参観する機会があるんですが、いまは子ども同士で話し合いをする時間がとても多いんです。ただ、そういう場で子どもたちが話す言葉というのは、波風を立てないように、大きな異論を生まないように、他人から奇妙だと思われないようにと、あちらこちらにけなげなほどの配慮が行き届いています。

田丸　なるほど。

苅谷　あえて発言しない子も多いですよ。まわりの意見に同調したり、有力な意見が出ると「いいと思います」とそれに乗っかったりする発言はあるんですが。少し自分の考えと違う点が気になっているような子はなかなか発言しませんね。結局、気を遣いあったあいまいなやりとりに終わることが多いように思います。ほんとうの話し合いというところまでいかない。

田丸　人に気を遣うのは大事ですが、行き過ぎは気になりますね。

苅谷　いじめなどの悲しい事件から「言葉に気をつけよう」とするのは良いのですが、配慮の仕方を間違えているケースが目立つような気がして。もちろん言葉で相手を傷つけてはいけないけれど、言葉を交わす根本には〝伝えたい〟ことがあるはずなんです。〝自分の心にあることを言いたい〟っていう言葉の基本の部分をもっと見つめてみてもいいんじゃないかと思います。もうひとつ、世界中の異なる背景を持った人々と付き合う機会がこれから、きっとますます増える中で、日本人のそういうナイーブな言語感覚で、もっとタフな、シャープな言語感覚を持った国の人たちと、ほんとのやりとりができるんだろうかととても心配になりますね。

## 伝説の授業「隅田川の花火」の表現比べ

田丸　大村はま先生の授業についてもぜひ教えてください。僕が記事で読んだのは、「隅田川の花火」を題材にした授業でした。

苅谷　大村が教壇を去る最後の年の授業ですね。大村は52年間、国語教師を務めて、単元学習という、子どもたちのその時々の課題や目標、関心にあわせてひとまとまりの経験となるように、そのつど教材や学習を組み立てるやり方を実践しました。そのやり方を始めてから20年以上は、同じ授業は二度としなかったんですよ。だから「隅田川の花火」の授業も、たった一回だけ。ちょうどその時に生徒だった子どもたちだけが受けられた授業なんです。

田丸　同じ授業をしない……ちょっと耳を疑うエピソードですよね。すごすぎます。

苅谷　ですよね。その年（昭和54年）は、公害などのために中止になっていた隅田川の花火大会が久しぶりに再開されて二年目の年でした。花火大会の様子が新聞でも大きく取り上げられたそうです。大村はふだんから朝日、読売、毎日、東京の4紙を購読していたんですが、これはいい教材になると、それぞれの花火大会にまつわる記事の〝表現を比べる〟授業をします。ただ全体を漠然と比べるんじゃないですよ。まずはしっかりと記事を読ませて「花火の音はどう表現されているか？」「集まった人の表情はどう書かれているか？」「警備の様子は？」「隅田川の川面の様は？」などと十数項目の着眼点を挙げ、グループごとに細かく4紙を比べていきました。そんなふうにシステマチックに、着実にものを比べるというのは、この授業を受けた中学一年生にとっておそらくすごく大人びた、しかも知的なチャレンジだったと思います。研究といっていい取り組みで、そういうのは中学生を夢中にさせたんです。

田丸　おもしろいですね。子どもたちは、どんなことを発見したんでしょう？

苅谷　ある生徒は各紙の「川面に浮かぶ屋形船」の表現に注目しました。大会側から発表があったのでしょう。各紙が、「３３９隻の屋形船が浮かんだ」と正確な数値を書いている中で、ある一紙だけさらに「船が川面を埋めつくした」と表現していた。それに気づいた男子生徒が「数字だけいわれてもその船の数が多いのか少ないのか、混み具合がわからない。でも川面を埋めつくしたという表現が加わると、この数字の持つ意味がわかる」と。数字にも力があるし、それを支える言葉にもたいへんな表現力があると気づくわけです。

田丸　いやぁ、すごい。

苅谷　ほかにも「花火の上がり方」の表現に注目した女子生徒がいました。毎日は「絶え間なく」、読売は「息もつかせず」、そして朝日は「ぽんぽんと気ぜわしく」と書いていました。この女子生徒は「気ぜわしいという言い方は、楽しかった花火の晩に似合わない」と違和感を覚えます。グループでの意見交換では、「気持ちを落ちつかせる暇もないという雰囲気が伝わる」といった仲間の意見もあったようで、最終的には「あまり使わない言い方だからこそ、強い表現になっているかもしれない」というまとめになったようでしたが、彼女は違和感をずっと主張しつづけたようです。

**田丸**　中学一年生で、これだけの議論ができるんですね。

**苅谷**　ええ、本当に。決まった結論を教えられるんじゃなくて、子どもたち自身が何かに気づく。これが大事だと思うんです。自分で気づけたら、やっぱりうれしいですよね。気づくことのできる仕事の仕方、っていうものを学んだのだと思います。

**田丸**　子どもたちは、きっと楽しかったでしょうね。

**苅谷**　大村は、どうやったら生徒が心からおもしろいと思えるか、興味深い、知りたい、突きつめたいと思って取り組めるのかをひたすら考えていました。「今度はこんなおもしろい単元を考えたから、やってみない？」と毎回仕切り直してやっていたんです。受け身では結局、楽しさを感じられませんよね。自然な関心が生まれて、そのことについて知りたいという気持ちが高まって、たとえばこの感情をあらわす本当の言葉を探しあてたいと思ったときに初めて、言葉の回路がオンになるんだと感じますね。

田丸　なるほど。

苅谷　多くの子どもたちが小学校の国語で「ごんぎつね」を習います。このお話を初めて読んだとき、最後にごんが突然撃たれて死んでしまって、きっと「えっ？」って驚くと思うんです。いたずらきつねの小さな悲劇に心が揺れて、その哀れさに思いをはせるかもしれません。でも、それを何時間もかけて授業をしていると、もうどうでもよくなっちゃう子が増えるんですね。だって最後のシーンの学習にたどりつくずっと前に、結末はわかっているわけですから。

田丸　難しいですね。子どもたちの心が開いた瞬間を逃さず、言葉の世界への扉が開いているときに、ぐっと言葉と向き合える場をつくれたらいいんでしょうけど。あらためて、それができていた大村先生はすごいですよね。苅谷さんから見て、大村先生のご指導の根幹にあったものって何だと思われますか。

苅谷　大村の根っこにあったのは「言葉の力は、子どもに贈ることのできる生涯をささえる武器だ」という信念だと思います。まあ、武器という言い方は戦いを前提としているので、ちょっとためらわれますけれども……。でもそのくらい、言葉は一生そばにあって、必要なときに支えてくれたり、自分の考えを一歩前に進める杖になったり、人と人をつなげる礎になったりするものですから。だから大村は自分ができるすべてを注ぎこんで、その力を育てようとしたんだと思います。

## 最初に思いついた言葉に飛びつかない

**田丸**　苅谷さんはエッセイストとしても活躍されています。僕も何冊も読ませてもらいましたが、苅谷さんの言葉はすーっと心に入ってくるんですね。読みやすいけれども決して単純ではなくて複雑さを内包していたり、安心して読みすすめているとドキッとする表現があったり。エッセイを書くときにはどんなことを心がけていますか？

**苅谷**　そうですね、とにかくどんなことでも心が惹かれた瞬間を逃さずに、その対象をよく見る。そして、どこに心が動いたかという勘所みたいなものをやっぱり言葉にしたいと思っているんでしょうね。普通はこう表現するという常識や慣用に乗っかるんじゃなくって、その瞬間のたった一度きりの心の動きを自分で言葉にしたい。

田丸　そう思っていなければ、生まれない表現がありますね。

苅谷　たぶん月並みが嫌なんですよ。みんなで同じようなことを言っていてもしょうがないって思ってしまう。もちろん言葉というのはみんなで使ってきた共有のものなんですが、いま生きて、いまこれを見た私がこう感じたということについては、そのためだけに選び取った表現をしたい。そうして初めて人に届くんじゃないかと思いますね。

私は、言葉はレゴブロックと似ていると思っているんです。レゴは一つひとつのブロックがとても精密で、きちっとかみ合って連結でき、狂いがないし、多彩なパーツが豊富にある。だからこそ複雑な大きなものも作れるんですけど、言葉もそうじゃなきゃダメだと思うんですね。一つひとつがいい加減で、なんかよくわからないフニャフニャしたものだったら、大きな構築物にはならないのだと。

田丸　作家に限らず会社員の方でも、もっとうまく文章を書けるようになりたいと思っている人がたくさんいらっしゃいます。僕も、心底そう思っています（笑）。一朝一夕で身につくものではないのですが、なにかアドバイスをいただけませんか？

苅谷　実は大村が亡くなるほんの少し前に、同じような質問を雑誌記者からされているんです。

そこで大村が答えたのは「最初に思いついた言葉に飛びつかない」。「自分が言いたいことにもっとふさわしい言葉、より相手に伝わる言葉はないだろうかと、少しでもいいので考えてみるといいんですよ。できれば二つ、三つほかの候補を考えて、その中から選択して言葉を使うことを習慣にするといい」というようなことを言ったんですね。

田丸　ああ、どきっとしますすね。恥ずかしながら、最初に思いついた言葉に飛びついてしまうことが、僕もありますから。思いついた瞬間、なんなら脳で思いつくよりも先に反射的に言葉が口から出ている、ということもありますね。

苅谷　そうですよね。大村のこの言葉に一つ私が付け加えるなら「沈黙を受け入れよう」ということなんです。話し言葉の場合、一つ目になにか思いついたあと、立ちどまって二つ目三つ目を考えようとすると、当然言葉が途切れますよね。それがあんまり格好いいことではないように、いまはとくに思われています。

田丸　テンポよく話すことがスマートだというような。

苅谷　そう、そう。でもね、案外、聞き手は待てるものなんですよ。かえって待つ時間があるほうがプラスに感じられるくらい。「ああ、この人はいま言葉を選び、大事な話をしようとしてくれているんだな」と感じられたら、待つのも嫌じゃないですよね。話す側としては〝間〟は怖いんですが、「間があっても大丈夫」だと伝えたいですね。

田丸　本当に大事なことですね。

苅谷　大村もね、間をとる人でした。中学生の前で話すときも、自らの姿勢を通して伝えていたんでしょうね。言葉っていうのは自分の意思でつかみとって、選びとって出すものなんだということを、その〝間〟が見せていたんだと思います。

## 言葉は、人が前に進んでいくときの手がかりになるもの

田丸　最後にあらためて、国語力や言葉の力の重要性について苅谷さんからお言葉をいた

だけたらうれしいです。

**苅谷**　誰もが言葉というものの難しさも大事さも多少なりとも感じていらっしゃるとは思います。ただ残念に思うのは、国語の授業が狭い世界に閉じこめられていて、その結果、国語はおもしろくない、さまつなことだと思われている節がある。学校を卒業したら国語なんてどうでもいいとおっしゃる方が少なくないということなんです。日々の暮らしで、なにか大事なとき、なんとかしなければならないようなとき、人は刻々と考えながら生きていますよね。直感や常識に従うだけというわけにはいかない。そして考えるためには言葉を駆使する力が欠かせません。その力をどう磨いていくか。

大村はある本の中で自分のした仕事は忘れられて結構だ、むしろ忘れられるべきだと書いています。というのも、言葉の力というのは誰かから習って取って付けたような「外付け」のものじゃなくて、あなた自身に深く結びついたものにまでならないといけないもの。そうでなくては言葉の力は本物じゃない、と言っているんですね。

こんなふうにして大村が育ててくれた言葉の力をイメージするとき、私はボルダリングが思い浮かびます。高い壁の、あの印の場所まで行きたいと目標を掲げる。ここに立っている自分はまず右手をどの石にかければいいのか、次に足はどこに置くのか。そして、あの石はいい場所にあるけれど、はたして自分の体重を支えられるか、使い古されて摩滅していないか、とよく見て、拠点を探していく。言葉を使いながら生きていくというのは、その石に一つひとつ手をかけることと同じなんです。言葉は、人が進んでいくときの文字通りの手がかり、足がかりになります。強い意思とともに賢く選択して、そして自分を託していくもの。そんな言葉のあり方を大村はまに学びました。

田丸　素敵なお言葉を、ありがとうございます。言葉の力を信じて、大事にして、これからも磨いていきたいです。

# プロジェクトは〝言葉の設計図〟が鍵を握る

倉成英俊（プロジェクトディレクター）

PICKUP

コトバノまほう

◎コピーを考えるときは「量が質を生む」

▼たくさん書くことで意外な切り口を見つけられる、筋トレみたいなもの

◎プロジェクトにも言葉の設計図が必要

▼何をしたいのか、どんなビジョンでどんな戦略なのか、みんなの気持ちや考えを言葉で同じにすることが大事

◎「奥深さがある」のが日本語の魅力

▼生まれてからずっと日本語を使っているのに、実は日本語を使いこなせていないほど、奥深い

**倉成英俊**《くらなりひでとし》

1975年佐賀生まれ。電通入社、クリエーティブ局に配属後、多数の広告を企画。その後、広告スキルを超拡大応用し、APEC JAPANや東京モーターショー、IMF世界銀行年次総会2012日本開催、有田焼創業400年事業など、様々なプロジェクトをプロデュースする。2014年「電通Bチーム」を組織した後、Creative Project Baseを起業。

## 「どう言うか」の前に、「なにを言うか」

田丸　倉成さんの社会人としてのキャリアのスタートは、コピーライターだったんですよね。まずはコピーってどのように言葉を紡いでいくものなのか、ということからお聞きしてもいいですか？

倉成　**王道としてはまず、商品のいいところを探しますね。**たとえば、このラジオ番組のコピーを考えるとしたら、リスナーにとってどうおもしろいのかを挙げていくんです。パーソナリティがショートショート作家だからこんな特徴があるよとか、ゲストはこんな人たちだから言葉が好きな人にとってはタメになるよとか。

田丸　いきなり言葉を考えるのではなく、まず切り口から？

倉成　はい。**「なにを言うか」を決めてから、「どう言うか」を考えます。**

田丸　ここからがまた長い道のりですか？

倉成　そうですね。最初からコピーが一つに絞られることってないんですよよ。

若いときは、打ち合わせに行くたびに100本のキャッチコピーを持っていっていましたから。

田丸　わー、噂には聞きますが、本当に100本も書くんですね……。

倉成　量が質を生むというか、たくさん書くことで意外な切り口を見つけられますから。筋トレみたいなものです。経験を重ねていくと、数を書かなくても的がわかってくるようにはなりますけどね。

田丸　だいたい何年くらいで感覚がつかめてきます？

倉成　5年くらいかなぁ。5年くらいは毎週300本、書いていましたよ（笑）。

田丸　すごい！　一行のコピーの裏側には、そういった積み重ねがあるんですねぇ。

倉成　ただね、これまでのコピーライター人生で、たった一本だけコピーを提案して、それが採用されたこともあります。

田丸　えーー！

倉成　2003年のポカリスエットの広告コピーに採用された「青いままでいこう。」。

田丸　そのコピー、覚えています。

倉成　これ実は、僕が新人1年目のときに宣伝会議賞に応募したコピーだったんです。たまたまポカリスエットのお題があって。そのときすでに「青いままでいこう。」のコピーを書いていた。でも一次審査で落ちて、日の目は見なかったんです。それで3年目のときに社内の打ち合わせにこのコピーを持っていったら、当時のクリエイティブディレクターが「これがいいんじゃない？」って提案してくれて。一発で通りました。

**田丸**　すごいエピソードです。

**倉成**　あとはもう、これしかないっていう場合もありますね。コンドームのオカモトが新商品を開発して、ネーミングを依頼されたんです。使用すると温度が変わるという、ちょっとマニアックな商品でした。あるとき、コンドームをローマ字にして最初の「C」をとったら、「ＯＮＤＯＭ（オンドーム）」になることに気づいた。コンドームの中に「温度」って言葉が入ってるじゃん！って。それで温度を楽しむコンドーム「オンドーム」と名付けました。これも一本だけで採用されましたね。

**田丸**　すごいなぁ。ある意味、言葉との出合いですよね。ハッと気づいてすぐに出合えることもあれば、出合えるまでに時間がかかることもある。切り口にあわせてパズルのようにカチッとくる言葉を探していくんですね。

## ショートショートにキャッチコピーをつけるとしたら？

**田丸**　番組から無茶ぶりのリクエストがきていまして。言いだしたのは、僕じゃないですよ？

**倉成**　はい（笑）。なんでしょう？

**田丸**　倉成さんがコピーを考えるプロセスを知りたいと。そこで「ショートショートにキャッチコピーをつけてください」というリクエストがきています。

**倉成**　そうですねぇ。ショートショートのコピーだから超ショートにしたい、っていう発想がまず出てくるかな。世界一短いコピーにしたい。

**田丸**　なるほど！

**倉成**　「あ。」とか、「う。」とか、「泣き。」とか。「！」だけでもいいかもしれない。一文字で、いろんな喜怒哀楽を表現していくとか。

**田丸**　読者の方から、ショートショートにまつわる一文字を送ってもらったり？

**倉成**　それ、いいですね！　あとは、短いことの効能をコピーにする。

田丸　「人生は短いからショートショートを読もう」とか、一粒で50個分のビタミンCみたいな感じで「一冊に30個分の物語が入ってます」とか。

倉成　うん、うん。

田丸　話が短いとなにがいいんだろう？と考えてみる。

倉成　「つまんなくても、すぐ終わる」「校長先生の話より短い」

田丸　あははは。わかりやすい。あるあるですね。

倉成　短さをもっとポジティブな言葉にしてみましょうか。

田丸　「短いのに、一生覚えてる」「すぐ読み終わるのに、感動は一生続く」

倉成　さすがですね。ドキッとする表現がたくさん出てきました。僕の本の帯に使うときには、使用料をご相談させてください（笑）。

田丸　あはは。はい、わかりました。

## プロジェクト運営に欠かせない、言葉の設計図

田丸　倉成さんはご自身で自分の職業を「プロジェクト屋さん」とおっしゃっていますよ

ね。「APEC JAPAN 2010」や「東京モーターショー2011」「IMF世界銀行年次総会2012日本開催」「佐賀県有田焼創業400年事業」、現在は2024年に国体が国民スポーツ大会に変わる1回目の大会「SAGA2024」など、実にさまざまなジャンルのプロジェクトをプロデュースされています。プロジェクトを動かしていくときにも、言葉は大事な役割を担いますか？

**倉成** 建築家が家を建てるときに設計図が必要なように、プロジェクトにも言葉の設計図が必要なんですね。何をしたいのか。どんなビジョンなのか。どんな戦略なのか。それらプロジェクトの礎になるような言葉をつくります。

**田丸** いわゆるコンセプトに近いのでしょうか。外に向けて発信する言葉と、プロジェクトを動かしていく人たちに向けられた言葉は違いますか？

**倉成** 違いますね。とにかく設計図は、みんなの気持ちや考えを同じにすることが大事です。言葉自体はつまらなくてもいいんですよ。「わかる、わかる」とか「それは理にかなっているね」と感じられるほうが大事。下手に格好つけたり、表現することでふわっとした言葉になったりすると、「結局、なにが大事だっけ？」と迷うことになります。実直な言葉でいいんです。

田丸　飾りは必要ないわけですね。

倉成　一方で外に発信する言葉は、目にとめてもらう必要があるので目立たせたり、ちょっとした作戦が必要になったりしますよね。

田丸　なるほど。

倉成　やっぱり、言葉って大事なんですよ。このプロジェクトで目指したいゴールや夢はなんなのかを明確にしておくってものすごく大事で。国も自治体も学校現場なども含めて、日本のプロジェクトは設計が緩いなと思うものが多い。それは国民性かもしれないし、日本語の言語が持つ曖昧さがそうさせているのかもしれない。「なんとなくわかるよね？」で進めてしまうんです。

ただ、プロジェクトが始まり、いろいろな人が入ってくると、曖昧な設計図ではうまくいかない。無駄なことに時間やお金をかけず、関わる人々がわくわくして取り組めるようにするためにも、最初に想いや考えをしっかりと整理して、核となる言葉をつくっておくことが大事なんです。

## 悠久の時を経て受け継がれてきた言葉たち

**田丸**　倉成さんは「言葉の収集家」としてのお顔もお持ちです。日経新聞からひと言だけ切り抜いてWebで紹介する企画をされていますよね。「一言切り抜きfrom日経」、僕も毎回楽しみに読んでいます。

**倉成**　新聞の切り抜き自体は十数年前からやっているんです。それで、たまたまひと言だけ切り抜いていたときがあって、あとから見返したらすごくおもしろかったんですよね。

**田丸**　たとえば、どんな言葉を切り抜いているんですか？

**倉成**　最近好きだったのは「それしかなかった」。

**田丸**　えっ、どういう文脈で？

**倉成**　なぜエルメスのブランドカラーがオレンジなのかという記事で、第二次世界大戦中に紙を調達しようとしたら、ふつうのベージュの紙が不足していて、めちゃくちゃ派手なオレンジ色の紙しかなかった。それしかなかったから苦肉の策でつくったん

田丸　だけど、評判がよくて、結局ブランドカラーになったと。

倉成　へぇ！　それで、「それしかなかった」。もちろんエピソード自体にもインスパイアされるものがあるんですが、そのフレーズを10年後の自分が見返したら、また感じるものが違うかもしれない。おもしろいですね。

田丸　ノーベル物理学賞受賞者である益川敏英さんの言葉、「見て見ぬふりをして研究ばかりすることは私自身の気持ちが許さなかった」も印象に残っています。元ロッテのバレンタイン監督のセリフで「常に楽しめ。野球はいつもパーティだぞ」も好きですね。

倉成　あー、いいなぁ。それが新聞記事の中に書かれている一言というのも、またいいですよね。名言集ではなくて、日常の中にある、誰もがアクセスできる場所に自分を奮い立たせるようなすばらしい言葉があるって。それで言うと、「身近にある素敵な言葉に、いかに気づけるか」もとても大切ですね。

田丸　倉成さんは、日本語の魅力を、どんなふうに捉えていますか？

倉成　生まれてからずっと日本語を使っているのに、実は日本語を使いこなせていない。

それほどの奥深さがあるのが日本語の魅力かなと思いますね。
というのも、書家の華雪さんに「崩し」という概念を教えてもらったんです。ひらがなは、中国からきた漢字を崩して当てていったものですよね。たとえば「あ」は「安」の字から生まれています。ただ華雪さんに、平安時代の「あ」の字を見せてもらうと、「安」だけじゃなくて「阿」や「悪」を崩して書かれたものもあったんです。どれも違うけれど、全部正しい「あ」なんです。

田丸　もとになっている漢字が違うから、当然ながら形も違いますよね。

倉成　そうなんです。そのとき、ああ、そうかと思って。正しい「あ」の書き方なんて、本来なかったんだって。「あ」一つとっても知らなかったことがたくさんあるんだなぁと。

田丸　うん、うん。

倉成　僕は「倉成英俊」という名前ですが、この4文字も何千年も前の甲骨文字がルーツにあり、中国から日本にわたって、いろいろな形に崩されて変形して、いま僕の名前に使われている。そんなふうに捉えるとロマンを感じませんか？なんて、番組にあわせて真面目な話をしてみました。

**田丸**　あははは。ありがとうございます（笑）。ほんと、言葉は時空を超えて、いま僕たちの目の前にあるんだなと感じますね。まだまだ言葉について知らないことだらけで。でもだからこそ、もっと知りたいという気持ちがわいてくる。

**倉成**　ね、悠久の時を経て、リレーのバトンのようにつながれてきた言葉たちですから。

**田丸**　僕たちもその歴史の中の当事者の一人。言葉を大事に使っていきたいですね。

PICKUP

# 書店ポップは「その本を読む前の私」を呼び覚まして書く

新井見枝香（元書店員・作家）

コトバノまほう

◎本を薦めるポップに「読後感」は書かない

▼自分が「なぜその本を読んでみようと思ったのか」を思い出して書く

◎文庫の帯は「盛りこまない」

▼いろんな要素を入れると散漫になってしまうので、文庫本の帯は「ひと言くらい」にする

◎自分が好きなものに興味を持ってくれる幸せ

▼自分がおもしろいと思う本を、うれしそうに抱えて帰っていく姿を見られるのは、やっぱりうれしい

新井見枝香《あらいみえか》

1980年東京生まれ。元書店員。芥川賞・直木賞と同時に発表される文学賞「新井賞」の設立者。現在はエッセイスト・踊り子として活動し、主な著書に『本屋の新井』（講談社）『胃が合うふたり』（新潮社）。最新刊は『きれいな言葉より素直な叫び』（講談社）など著書多数。

## 本を手にとる人の状況に近い言葉を選ぶ

田丸　新井さんはお客さんからも、僕たち作家からも絶大な支持を集めるカリスマ書店員さんで、僕はデビュー当時から本当にお世話になっています。『海色の壜《びん》』の単行本が出たときにはたしかお店で三桁くらい……ベストセラー級の売り方をしていただいて。

新井　田丸さんの本を初めて読んだとき「見つけた！」っていう感覚がすごくあって。「みんな、読んで！　すごい人がいるよ！」という気持ちだったんですよね。

田丸　いやぁ、ありがたいです。新井さんは、いまも書店員としてお店に立たれているんですか？

新井　そうですね。いまはほかにも仕事をしているのでバランスを見ながら。でもレジ打ちはするようにしています。書店員としていちばん大事なことなので！（放送時／2023年3月をもって書店員を離職）

田丸　レジ打ちが大切なんですね！

新井　はい。現場に立って、誰がどんな本を買うのかを見るのは大事ですし、なによりいちばん楽しい仕事です。

**田丸**　おそらく膨大な量の本を読んでいらっしゃると思うんですが、月に何冊くらい読んでいますか?

**新井**　その質問、腐るほどされます(笑)。

**田丸**　ですよね(笑)。みんな、気になりますよ。

**新井**　絶対に聞かれるんですけど、絶対に答えないです。わからないというのが理由の一つ。「今月は○冊読むぞ!」と目標を立てるわけじゃないので、読む月もあれば、読まない月もあります。それに〝たくさん読むとすごい〟という感覚にも違和感があって。なんだか本を読むのが大変みたいじゃないですか?

**田丸**　なるほど。

**新井**　たくさん読んだからといって、別にすごくも、えらくもない。だから、言わないんです。

**田丸**　さすがです。かっこいい。

田丸　新井さんといえば、芥川賞・直木賞と同日に発表される「新井賞」も話題ですよね。「新井賞」を受賞すると本が売れると、作家のあいだでも注目されています。なぜ始められたんでしょう？

新井　もともとは販促活動の一環だったんですよね。当時、文芸書を担当していて、自分がおもしろい、売りたいと思った本をなんとか売れないだろうかって。

田丸　実際に店頭をご覧になった方はびっくりすると思います。ディスプレイに魂がこもっていて。本の置かれ方、打ち出され方も考え抜かれていますし、そこに新井さんが書いたポップがあって、この文章がまたいい。本を薦めるときの言葉は、どのように考えているんですか？

新井　本を買ってもらうための言葉ですから、自分がどう思ったかは、実は大事じゃないんです。

田丸　へぇー！

新井　同じ小説を読んでも、感想は100人いたら100通りありますから。読後感を決めつけたくなくて。それよりも「自分がなぜその本を読んでみようと思ったのか」を思い出して書くことが多いですね。「その本を読んだあとの私」と「その本を読んでいない人」の気持ちはリンクしないので、読後感を書くと置いていかれたような感じがするんですよ。だから「その本を読む前の私」を呼び覚まして、書く。

田丸　ポップの書き方で、本の動き方は変わってきますか？

新井　そうですね。売れ行きがいまいちのときはポップを途中で変えるんですけど、変更した途端にバーッと動くことはありますね。やっぱりどんな言葉でもいいわけじゃないんですよね。

田丸　「本の帯」や「解説」の言葉を依頼されることもありますよね。ポップと書き方は違いますか？

新井　違いますね。文庫の帯は「盛りこまない」がいちばん大事。男性にも女性にも、子どもにも大人にも響くようにと考えだすと、いろんな要素を入れたくなるんです。そうすると散漫になって、結局何も言っていない言葉になっちゃう。だから帯はひと言くらいで、と意識しています。

「解説」は、あくまで最後に読むものだと私は認識しているので、読んだあとの高揚した気持ちのまま書くことが多いですね。

田丸　ポップも帯も、解説も、手にとる人の状況に近い言葉で書かれているんですね。新井さんはラジオやテレビ番組で本を紹介されることも多いですが、そういったときはポップに近い言葉選びで紹介されますか？　それとも、媒体によって紹介のしかたも変えるものですか？

新井　変えますね。テレビは、私が何を言っていたのか、みんなあまり覚えていないんですよ。やっぱ映像があるので。こういうふうにしゃべっていたとか、制服を着ていたとか、そういう記憶はすごいあるんですけど、タイトルもあいまいだし、作者の名前も憶えていない。だから、内容をたくさん話すという感じではありません。逆にラジオは耳で一生懸命聞いているので、結構みんなしっかりと「こういうふうに言っていたよね」とか覚えているんですよ。なので、ラジオは結構しっかり話すことが多いですね。

## 状況描写と感情描写は百八十度違う

田丸　新井さんはご自身でエッセイも書かれています。書店員としての経験が活かされていると感じますか？

新井　そうですね。エッセイでは、まず「なにがあったか」という状況や事実を説明する必要がありますよね。そのときは、言葉の順序をすごく気にしていて。とても国語的なことなんですけど、いちばんわかってほしいことを先に言うとか、何度もパズルのように組みかえて誤解なくすんなり伝わるかをチェックするとか。これはポップや帯で鍛えたことかもしれないです。

田丸　あとは、いらない言葉をどんどん削いでいく。

新井　いらない言葉というのは？

田丸　うーん。なんとなく良さげだけど、どうでもいい言葉ってあるじゃないですか。慣用句とかもそうなんですが、日常では絶対に使わないし、なくてもいいものは削っていきますね。

田丸　それはショートショートに近い感覚かもしれませんね。ショートショートも削る側面が多くありますので。文字数は減らしても、読者の想像を削ってはいけないのが難しいところなんですが。

新井　たしかに、ショートショートはそうですよね。言葉に無駄がないのは、文章の切れ味にもつながっていくと思います。

田丸　「状況説明」では短くわかりやすい言葉を心がけていらっしゃるわけですが、「感情」を描くときはどうですか？

新井　感情の場合は逆ですね。話し言葉みたいに、その瞬間のゆらぎや高揚を大事に書きます。たとえばすごくいいライブを観たとして、誰かにわーって感想を伝えたときってまったく論理的じゃない。なんの説明にもなっていないけれど、でもすごいライブだったことだけは伝わるってありますよね？　そのテンションを大事にしています。感情をわかってもらいたいから、きれいに書こうとするとどんどん冷めていって、伝わらない文章になってしまうと思うんです。

田丸　理路整然としゃべる主人公のセリフって、ぜんぜん心に入ってこないのと同じですよね。順序立てて説明すればいいわけじゃない。文章を書いていると「このほうがいいかな」と添削の視点が入ってくるんですが、そうすると模範的な言葉になってしまう可能性が出てくる。ときに、熱量ある〝わからなさ〟がいちばん伝わることもありますね。個人的にも、**大人も子供もわぁっと衝動で書くという時間があまりに少ないのではと、それによって失っているものが多くあるのではと危機感を持っている**ので、その意味でもすごく共感します。

## 自分がおもしろいと思った本をお薦めできる幸せ

田丸　今後も書店員の仕事を続けたいですか？

新井　そうですね。仕事の捉え方って人それぞれですけど、私は自分が楽しんでナンボだと思っているんです。嫌になったら、やめたらいいと。そうずっと思っているんですけど、本も、本を売ることも好きなので、ずっと続けている感じですね。

田丸　好きだからこそ、仕事にはしないという人もいますよね。新井さんの場合は、好きを仕事にしても、気持ちは変わらなかった？

新井　変わらなかったです。自分が好きだなと思うものを、同じように誰かが興味を持ってくれるって幸せなことですよ。自分がおもしろいと思う本をうれしそうに抱えて帰っていく姿を見られるのは、やっぱりうれしいですよね。

田丸　リアル書店員ならではですね。お客さんとしては、ネット書店にはないリアル書店の魅力ってなんだと思います？

新井　買う予定じゃなかったものを買っちゃうところですかね。今日の献立を決めて八百屋さんや魚屋さんに行って、店員さんから「これ安いよ」「今日はこれが新鮮だよ」と言われて予定外のものを買ったら、めちゃくちゃおいしかったってあるじゃないですか。「いい買い物できたな～」とほくほくするような。だからずらっと本がいっぱい並んでる場所があることが大事ですよね。

田丸　ははあ。「書店の良さは偶然の出会い」とはよく聞くんですけど、八百屋さん、魚屋さんのたとえは新鮮で、おもしろいですねぇ。この表現に新井さんの考えがあらわれている気がします。ただ本を並べているだけじゃなくて、人を介してしっかり勧めたいし、コミュニケーションしたい。血が通っている感じがすごくします。

新井　そうですね。コミュニケーションの楽しさが、やっぱりその場所に足を運ぶ価値でもあると思います。

**田丸**　なんだか書店に行くのがますます楽しみになりました。「どんなものが並んでいるかな」「ポップにはなにが書かれているかな」とふらりと訪れる楽しみを、みなさんにも味わってほしいですね。

# 日本語は、緻密に感情を設計できる言語

## キリーロバ・ナージャ（コピーライター・作家）

キリーロバ・ナージャ

ソ連レニングラード（当時）生まれ。広告会社に入社後、様々な広告を企画、2015年に世界のコピーライターランキング1位獲得。絵本作品に『ナージャの5つのがっこう』（大日本図書）、『からあげビーチ』『ヒミツのひだりききクラブ』（いずれも文響社）、『6ヵ国転校生 ナージャの発見』（集英社インターナショナル）がある。

PICKUP

コトバノまほう

◎日本語を話すと自然と笑顔になる

▼日本語は音が柔らかく口を大きくあけることもないので、優しくゆっくり喋る感じになる

◎英語と日本語の違い

▼英語はとくにコピーライティングにおいて、余計なニュアンスが削ぎ落とされた言語。日本語は空気感や世界観、余白をつくりだせる言語

◎いいコピーの条件はわくわくする感覚

▼なんだかわくわくしたり、想像が広がったりしそうな感覚。それがいいコピーに共通する条件

## 日本語は、話すと自然と〝笑顔〟になる

田丸　ナージャさんは、2015年に世界のコピーライターランキング1位に輝いた実績をお持ちです。そもそもなぜ、日本の広告代理店に就職しようと思われたんですか?

ナージャ　私はソ連生まれなんですが、実はソ連にはCMってなかったんです。「手を洗いましょう」とか啓発的なものはあったんですが、企業は国営なので宣伝する必要がなくて。だから7歳のころに日本に来て、初めてCMを見たんですね。「これ、なんだろう?」って不思議に思って。まだ日本語がわからない私でもCMだけはなんとなく理解できて、楽しく見られたんです。一方、私は子どものころから住む国を転々としていて、けっこう逆境の毎日だったんですよ。アイデアや工夫で乗り切らなきゃいけない場面が多かった。それで次第にアイデアで解決することが得意になっていったんです。この特性を活かせることと幼いころから興味を持っていたCMに携われる仕事ということで広告業界に興味を持ちました。

田丸　でも、母国語ではない言語でコピーライティングをするって、とてつもなく難しいことでは……。

ナージャ　めちゃくちゃ難しいです。私、学校の授業でも国語が苦手で。100点満点のテストで5点をとったりしていましたから。

田丸　えーっ、そうなんですね。

ナージャ　コピーライターに配属されたのはなりゆきで。それこそ逆境の毎日でしたよ(笑)。

田丸　ちなみに今どれくらいの言語を話されるんですか？

ナージャ　日本語とロシア語と英語は比較的いつも喋っていますし、あとフランス語がちょっと。イタリア語がほんのちょっと喋る感じです。5カ国語とまではいかないですけど、4.3カ国語みたいな感じですかね。

田丸　いろいろな言語に触れられているナージャさんにとって、日本語は他言語に比べて、どうなんでしょう？　覚えるのは難しかったですか？

ナージャ　そうですね。来日してすぐのときは日本語の漢字は、古代エジプトの文字を見るような感覚ですよね。一生かかっても読めないと思っていました。文字を読めないので耳で覚えるしかなくて、同級生が話しているのをひたすら聞いて、真似していましたね。

田丸　音から入ったんですね？

ナージャ　はい。でも日本語って口の動き方がロシア語とまったく違うんです。ロシア語は単語も長いし、「R」とかの子音が続くことが多い。喋り方も、語調が強いんですね。一方、日本語は子音と母音をセットで喋ることが多くて、音が柔らかいんです。そんなに口を大きくあけることもないし、優しくゆっくり喋る感じで。自然と笑顔になるんですよ。

田丸　へぇ、笑顔に！

ナージャ　日本に来る前は、笑顔を見せることは隙を見せることだと教えられていて、外では基本的には無表情だったんです。でも無表情で日本語を喋るとなんだかヘンな感じがするんですよね。

田丸　日本語で話すと、笑顔が出てくるってことですよね？　言語が国民性に影響を与えているかもしれないと考えると、すごく興味深いお話です。逆に言えば、外国語を学ぶときには所作や表情などを真似てその国らしいキャラクターになりきることからはじめてみると、習得が早くなるかもしれない？

ナージャ　そうですね。空気感や間みたいなものは、言語によってまったく違いますから、そこから真似してみるのもおもしろいかもしれませんね。

田丸　そうですよね。もしかしたら、日本語がネイティブな日本人でさえも、もっとゆっくり優しく穏やかな気持ちとか表情とかを意識して喋ることで、さらに日本語のポテンシャルを引き出せる可能性もあるかもしれないですね。

## 日本語は感情を緻密に設計できる言語

田丸　コピーを書くときに、どんなことを大事にしていますか？

ナージャ　そうですね。書く対象についてじっくり観察して「なにがどうユニークなんだろう？」「どういう見方ができるかな？」とまず個性を探します。そのうえで、どうやったらわかりやすく短く、みんなが意外と気づいていない良さを伝えられるかを考えることを大事にしていますね。実は最初に良さを見つけるときには、英語で考えることが多いんです。

田丸　そうなんですか！　日本語のコピーを書くときも、英語で？

ナージャ　はい。英語って、余計なニュアンスが削ぎ落とされた言語なんですよ。だからコピーのように最小限の強い核となる言葉を考えるのに向いている気がします。次に、どう表現するかという段階で、日本語に置き換えていくんです。たとえば日本語では誰が話すかによって、まったくニュアンスが変わりますよね。女子高生が喋るのか、おじいちゃんが喋るのか。同じ女子高生でも主語を「僕」にするのか、「あたし」にするのかでは雰囲気がまったく違います。日本語って、空気感や世界観、余白をつくりだせる言語なんです。

田丸　興味深いです。日本語は表現方法が多彩だと。

ナージャ　日本語は、感情をぜんぶ緻密に設計できます。その分、日本語でコピーを書くときにはあえて引き算を意識することもあるんです。すばらしい商品特性があったり、なによりもその事実がすごいよねというときには、コピーライターとして巧みな表現をしたくなってもぐっと堪えて、できるだけシンプルなコピーにしたりしますね。

## 擬音語・擬態語には日本語の不思議な魅力がつまっている

田丸　ご自身が気に入っている作品には、どんなものがありますか?

ナージャ　コピーではないんですけど、『6ヵ国転校生 ナージャの発見』という自著を出版しまして、このタイトルが気に入っています。最初は全然違うタイトルだったんですよ。でも、しっくりこなくて。自分の経験を表現するなら「転校生」という言葉は入れたいな。転校生に「6ヵ国」を組み合わせたら、今まで聞いたことのない新しさが生まれるかもしれない。不思議な言葉の組み合わせでうまくはまった例ですね。

田丸　すごく好きなタイトルです。僕も各地で開催しているショートショートの書き方講座で、言葉の組み合わせによって生まれる不思議な言葉からお話を考える方法をお伝えしていたり、自分自身も言葉を組み合わせてお話をつくることがあったりするんですけど、「6ヵ国転校生」ってありそうでなかった組み合わせですよね。創作意欲がわいてくる。ここから新しいフィクションが生まれそうな気がしますね。

ナージャ　フィクションが生まれそうな感覚って「企画性がある」「物語が眠っているような感じがする」ということなんだと思います。**なんだかわくわくしたり、想像が広がったりしそうな感覚。それはいいコピーに共通する条件かもしれませんね。**

田丸　ナージャさんは、言葉のインプットはどのようにしているんですか？

ナージャ　街で見かけたおもしろい言葉はぜんぶメモします。カフェで見かけたユニークなメニュー、ファッション雑誌に載っている不思議な言葉の組み合わせ、映画のセリフや音楽の歌詞なんかも。

田丸　それは、日本語の？

ナージャ　英語のほうが多いですね。おもしろい言葉を見たときに、なんかいいな、わくわくするなってアドレナリンが出る感じが好きなんです。

田丸　コピーを書くときにも、そのメモを見返したりしますか？

ナージャ　します、します。わくわくしていないとおもしろいものなんて書けないから、気分を高揚させるためにメモを見たり、何冊か雑誌を並べてぱっと目についた言葉からヒントを得たりすることもありますね。

田丸　言葉をスイッチにしているんですねぇ。おもしろい！ちなみに好きな日本語はありますか？　さまざまな言語に触れてきたナージャさんがどんな日本語に惹かれるのか、知りたいです。

ナージャ　好きな日本語はたくさんあるんですけど……そのなかでも、日本語ならではだなぁと思うのは擬音語と擬態語です。

田丸　ほう！

ナージャ　擬音語と擬態語を使えば、だいたい会話が成り立つじゃないですか。「休日にゴロゴロして、モグモグして、むにゃむにゃした」って言ったら、ああそういう一日を過ごしたんだなって（笑）。他の言語ってほぼないんですよ、擬音語自体が。

田丸　ははあ。

ナージャ　擬音語と擬態語の種類が多いのが、日本語のめちゃくちゃおもしろいところだなと思います。しかも、かわいいんですよね。「ぷにぷに」とか「チクチク」

とか「モフモフ」とか。これって、訳せないんですよ。

田丸　「ぷにぷにとはなにか？」から解説しなくちゃいけないですよね。

ナージャ　そう、そう。「サクッとした」とかもクリスピーって言えばいいのかもしれないけれど、やっぱりちょっと世界観が違う。日本語にしかないおもしろさですよね。

田丸　雨が降る様子だけでも「しとしと」「ざあざあ」「パラパラ」「ゴウゴウ」とたくさん表現がありますしね。

ナージャ　聞けば、どんな雨の様子だったのか、想像できちゃうじゃないですか。それがすごいし、おもしろい。一時期、擬音語・擬態語を集めていたことがありました。擬音語・擬態語には日本語の不思議な魅力がつまっていますよね。やはり余白やニュアンス、世界観をつくるのがうまい言語だから、どんどん種類が増えていくのかなと思いますね。

# 絵本作家としての言葉の紡ぎ方

田丸　ナージャさんは絵本作家という一面もお持ちですが、絵本を書いていくうえでの言葉の紡ぎ方は、コピーライターや他の言葉のお仕事と違いますか？

ナージャ　似ているところもすごくあるんですけど、違いもありますね。まず、子どもが読むので難しい言葉は使えないですし、レトリックが効いたコピーで面白くするとか、ダブル・ミーニング（一つの言葉に二つの意味を持たせる）とか、そういうことが全然使えないです。

あと、文字数も決まっているので、いかに短く物語を伝えていくかっていう、言葉を削ぎ落とす必要がありますね。

田丸　削ぎ落とす、ですか。

ナージャ　そうです。最初はもっとたくさん言葉があるんですけど、これは絵を見ればわかるよねって、どんどん言葉を削ぎ落としていきます。シンプルでわかりやすく、自分が子どものころにどんな日本語を喋っていたのかを思い出しながら書くっていうことをします。

ただ、絵本と広告の作り方は実は似ていて、例えば30ページの絵本と15秒のCMは、コンパクトな中に起承転結を作るという点が似ています。あと、広告ではアート&コピーっていうんですけど、アートディレクターが作るデザインとコピーライターが書く文字が組み合わさって初めてすばらしくなるっていうのが絵本でもまさにそうなんですよね。**絵の説明としての言葉じゃなくて、互いに補い合える絵と言葉のバランス。**アイデアを出し合いながら一緒に作ることを広告ではするので、絵本でもそういうことがすごく活きてくるものだなとやっぱり思いますね、シンプルなだけに。

**田丸** なるほど。じゃあ絵を描いてくださった方ともコミュニケーションを密にされたってことですか?

**ナージャ** そうですね。「これをどういうふうに表現すればいいんだろう」とか「言葉はこれを書いて、この面白さは絵のほうが伝わるよね」とか、相乗効果を生むために何をどこでどう伝えるかっていうのを密に話し合いましたね。最初に文字は書くんですけど、やっぱり絵が作られていく中で文字を減らしたり変えたりして、どんどん進化させていきました。

田丸　いやぁ、そういう感じで作られていたんですね。広告と通ずると言われたら、なるほどっていう。

ＣＭに絵本にエッセイに、本当にいろいろな言葉を日本語で操られているナージャさん。目からウロコのお話がいっぱいあって、めちゃくちゃおもしろかったです。

# ものづくりの根底にある〝美しさ〟を追い求めて

## しりあがり寿（漫画家）

PICKUP

**コトバノまほう**

**◎漫画を描くのに「国語力は大事」**

▼読者に瞬時にわかってもらう必要があるから、適切な言葉を選んで取捨選択することが大事

**◎国語はまるで宝探しのようだった**

▼答えなんてすぐわかるものではなく、思わぬところに思わぬ隠され方がされているすごく大切なもの

**◎言葉と絵は混在しているという感覚**

▼言葉と絵を分けて捉えてはいなくて、混在している。混ざり合ったものを一緒に使っている感覚

**しりあがり寿《ことぶき》**

1958年静岡県生まれ。漫画家。1985年『エレキな春』で漫画家デビュー。2000年『時事おやじ2000』（アスペクト）と『ゆるゆるオヤジ』（文藝春秋）で文藝春秋漫画賞、2001年『弥次喜多 in DEEP』（エンターブレイン）で手塚治虫文化賞優秀賞を受賞。映像、現代アートなど多方面で活躍。

## 無に向かう「劣化」にリアリティを感じる

**田丸** お会いするのは、ＮＨＫ「ＳＷＩＴＣＨインタビュー 達人達」での対談以来ですよね。

**しりあがり寿** そうですね。お久しぶりです。

**田丸** あの対談の中で、しりあがりさんが、ここ数年取り組まれている「劣化」の概念を教えてもらって、僕もいろいろと考えるようになったんです。しりあがりさんは、最近も劣化をテーマにＺＩＮＥ（個人がつくる小冊子）をつくられていましたね。

**しりあがり寿** 劣化にね、なんかリアリティを感じて、好きになったんですよね。絵を描いていても「綺麗な絵」って、なんか嘘くさいなと思って。それで板絵を削ったりしていたんです。

**田丸** ご自身で描かれた絵を削ってしまうんですね？

**しりあがり寿** そう。ヤスリで削って。でも、それもなんか嘘くさく感じて、今度は焼いてみたんです。

田丸　あはは。すごい。焼かれた板絵も拝見しましたよ。

しりあがり寿　ヤスリで削っていたときは、ああ、削られていくな、なくなっちゃうなぁって、わびさびの世界といいますか、哀れさを感じたんですけど。焼いたときはちょっと暴力性を感じて、これはまたこれで違うなと。

田丸　それも、ひとつの劣化のカタチではあるんでしょうけれど。

しりあがり寿　まぁ、世の中にあるものはぜんぶ劣化するんですけどね。作品も、アイデアも、自分自身も。ちょうど冬の展覧会だったので焼き芋みたいにホカホカしていいかなって思ったんですけど、なんだか暴力的だし、画廊は臭くなるし、想定外でした。次はお醤油で絵を描いて焼いたら、もっとおいしい匂いになるかなとは思いましたけど。

田丸　えー、めちゃくちゃおもしろい！　見てみたいです！

しりあがり寿　いやいやいや。田丸さんはいつも、「おもしろい」って言ってくれるからなぁ、うれしくなっちゃうんだよなぁ。

## 漫画制作は言葉で始め、言葉で締める

田丸　漫画家にとって国語力は重要だと思いますか？

しりあがり寿　重要だと思いますね。漫画はスピード感が大事なんです。このコマでなにが起こっているのか、読者に瞬時にわかってもらう必要があるから。「ここは、どういう意味なんだろう？」と立ちどまらせてしまったら、読む人もストレスですよね。**だから適切な言葉を選んだり、取捨選択したりすることがすごく大事です。**

田丸　はい。

しりあがり寿　あと、小さな吹き出しの中にいかに簡潔なセリフを入れるかだけじゃなくて、そもそもアイデアそのものが言葉を介して生まれていて。僕のデビュー作の『流星課長』は流星と課長の組み合わせですからね。

田丸　流星×課長のワードから物語が生まれたんですか？

しりあがり寿　正確にいうと、言葉になる前段階がありますよね。日常的な中間管理職という存在と、電車の中で流れ星のようにスマートに

動きながら席をとる存在。この二つのギャップで漫画をつくろうと考えた。それを表す象徴的な言葉が課長と流星だったんです。

田丸　なるほど。先にアイデアがあると。言葉に置き換えていくことで、さらにアイデアも膨らんでいくイメージでしょうか？

しりあがり寿　そうですね。そもそも絵を描く前に、話の展開をセリフだけでまず書きますし、書きあがったあとも「これでいいだろうか？」と再度、文字の部分を読んで、手を加えていきます。漫画なんですけど、僕の場合は言葉で始まり、言葉で締める感じなんです。

田丸　学生時代、国語は得意でしたか？

しりあがり寿　好きでしたけど、成績は良くなかったような。はっきり覚えていないですが、深読みすることが多かった気がします。小説の問題とかを読んでも、答えなんて普通の人がすぐわかるものじゃなくて、なんか思わぬところに思わぬ隠され方がされている、すごく大切なものみたいな気がして。まるで宝探しのように感じてましたね。

田丸　なるほど。いや、おもしろいですね。言葉を使った宝探し。国語をそういうふうに捉えたことはなかったです。

しりあがり寿　しりあがりさんは、日本語のおもしろさをどんなところに感じますか？

田丸　漢字とひらがな、カタカナがあって、表現の幅が広いですよね。とくに漢字はパッと見て、視覚的に意味がわかるので、伝えるスピードがはやい。日本人は漢字を見慣れているから、その漢字を見た瞬間にイメージがわいてきますよね。

しりあがり寿　「地獄の大魔王」って、見ただけで怖いでしょ？

田丸　めちゃくちゃ怖いです（笑）。

しりあがり寿　「ジゴクのダイマオウ」だとちょっと違う。怖くないですよね。

田丸　ないですね。やっぱり日本語には選択肢がある分、表現の幅が広がりますね。

しりあがり寿　饅頭をつぶす場面だと「ぐしゃ」と書くけど、モンスターの頭蓋骨を砕くときは「グシャ」って書きたいじゃないですか。

田丸　うん、うん。同じ言葉でも、書き方が違う。

しりあがり寿　そう、言葉ですら、視覚的な表現方法の一つなんですよね。

## 「おもしろい」より「美しい」のほうが憧れる

田丸　お話を伺っていると、言葉を大事にされているんだなと感じます。言葉って、あいまいな概念を可視化してくれる気がして。

しりあがり寿　概念的なことがふわふわと浮かんでいて、そのレイヤーがいくつも重なっているのが、この世界だと僕は捉えているのかもしれなくて。こうやって二人で話していても、実は目に見えないものがいっぱいあるじゃないですか。もしかしたら「お昼に食べた回転寿司、おいしかったな」とか「対談が終わったらコンビニに行こう」とか考えているかもしれないでしょう？

頭の中には見えていないものがいっぱい詰まっている。人って、たくさんの見えていないものと一緒に生きてるんです。

田丸　うん、うん。

しりあがり寿　そういう感じを、やっぱり出したいんですよね。それがリアルだと思っているから。

田丸　それをしりあがりさんは「言葉」と「絵」の両方で表現されているわけですね？

しりあがり寿　そうですね。

田丸　言葉と絵は、別々のものをセットで使っている感覚ですか？

しりあがり寿　どうかなぁ。言葉と絵を分けて捉えてはいなくて、どちらかというと混在していますよね。**混ざり合ったものを一緒に使っている感覚**というか。漫画だととくにオノマトペがそうで、同じ「ギャー」でも怪奇漫画で描く「ギャー」はドロドロした描き方なのですぐわかります（笑）。

田丸　すごい。一体化しているんだ。

しりあがり寿　反対に僕は、たとえば詩をつくるときに言葉だけで書くってすごいなと思うんですよ。

だって絵を描いたほうが便利ですから。見えている世界のことは、絵のほうが早く伝わります。言葉も、吹き出しの中の台詞と、吹き出しの外の効果音や補足説明の両方があったほうが表現の幅は広がりますよね。

田丸　ちなみに、そんな中でも言葉を強く意識された作品はおありですか？

しりあがり寿　そうですね、『コイソモレ先生』って4コマ漫画があるんですが、あれは俳句をイメージして描きました。起承転結というよりは、読み終わった後にふっと風が吹くような。割と言葉に神経を使った作品です。

田丸　それは、俳句を引用しているというわけではないんですよね？

しりあがり寿　はい、言葉とイラストを組み合わせて、4コマを読んだ後の読後感が俳句を読んだときと同じになるイメージですね。

田丸　なるほど！　絵と言葉が混ざり合った、しりあがりさんならではの4コマの俳句ってことですね！　すごくしっくりきたんですが、言葉を意識されたというなかでも、絵と言葉で俳句のような詩を紡ぐって、やっぱり感覚が混ざってないと相当難しいと思うんですよ。言葉のほうが強い方なら俳句をやられたほうが早いですし、逆だったならば絵だけで表現されるのだと思うんですけど、その二つを組み合わせて詩情を追求されたというのが、本当にしりあがりさんならではだなと……。

しりあがり寿　すごい納得してくれた。

田丸　自分が表現したいことをいちばん自由に表現できるのが「言葉と絵の両方を使っていく」手法なわけですね？

しりあがり寿　そうですね。だからあんまり区別していないんです。気にしているのはなぜ、それを描こうと思ったのか、動機の部分ですよね。

田丸　と言いますと？

しりあがり寿　漫画を描いていても、文章を書いていても、なにに向かって描いているんだろうって思うことがあって。漫画だと読者をおもしろがらせようとしているわけだけど、最近は〝美しさ〟を抜きには考えられないような気がしているんです。

田丸　ほう！　しりあがりさんのおっしゃる美しさとは、なんなんでしょう？

しりあがり寿　なんでしょうね。よくわからないんですよ。仮に、同じような夕日の写真

100枚から、その中から僕が1枚選ぶとしたらそれはきっと美しいからですよね。

田丸　でも、それがなんで美しいのか。色なのか、形なのか、バランスなのか、もっとエモーショナルなものなのか。説明できないけれど、**僕が「これがいい！」と思った、その源にある美しさを大事にしたいんでしょうね。**

しりあがり寿　それは、美しさとはなにかということに常に挑まれている。自分なりの美しさに向き合いつづけて、手が届くかはわからないけど、手を伸ばされている、そんな感覚ですか？

田丸　いやいや、だいたい、すぐ諦めますけどね（笑）。

ただ、「おもしろい」より「美しい」のほうに、自分にない分憧れたりしますね。

しりあがり寿　ははあ。たしかに劣化もそうですよね。朽ちていくものの中に美しさを見出されていて。

複数の作品を並べたときに、美しい作品だけが放つもの、立ちのぼってくるなにかがあると感じていて。

白いキャンバスに緑や黄色で適当に色をつけて、そこに赤が入った途端、急に絵が変化するとか、全体が締まったみたいなことがあるじゃないですか。あれって、たぶん美しさが増えたってことじゃないかと思うんです。

田丸　なるほど。そして決まり手となる一手を探しつづけている。

しりあがり寿　で、決まったと思っても、3日経ったら、「うーん、なんか違うな」ってなるんですけど。

田丸　あはは、本当に。僭越ながら、僕たちつくり手の永遠の課題ですよね。

# わざわざ言わなくていいことの中にあるおかしみを詠む

せきしろ（俳人・作家）

PICKUP

コトバノまほう

◎自由律俳句は、見たもの、感じたものを直接伝えられる

▼自由律はリズムが自由で、季語もいらない。見たもの、感じたものを自由に伝えられる良さがある

◎定型の俳句は「写真的」、自由律俳句は「動画的」

▼自由律俳句には前後の時間があり、それも含めての作品。極端に言ってしまえば、短いお話

◎すぐに出てきた視点を捨ててからが「本番」

▼多角的な視点を磨くには、お題に対してすぐに出てきた視点は捨てて、別の視点がないかを考える


せきしろ

1970年北海道生まれ。自由律俳句の俳人・作家。主な著書に『去年ルノアールで』（マガジンハウス）、『海辺の週刊大衆』『1990年、何もないと思っていた私にハガキがあった』（いずれも双葉社）など。又吉直樹との共著に『カキフライが無いなら来なかった』『まさかジープで来るとは』（いずれも幻冬舎）などがある。

## 形式に制約のない「自由律俳句」

田丸　初めてお会いしたのが、たしか２０１９年。僕の『ふしぎの旅人』という文庫本と、せきしろさんの『たとえる技術』の文庫本がほぼ同じタイミングで刊行されるということでイベントでご一緒したんですよね。『ふしぎの旅人』には素敵な解説も寄せていただいて。

せきしろ　ほんとうにありがたいお仕事で。ありがとうございます。

田丸　せきしろさんほど幅広く、言葉の表現活動をされている方も、なかなかいませんよね。自由律俳句の俳人でありながら、エッセイや小説も書かれますし、舞台の脚本や大喜利も手がけられるという。

せきしろ　いえいえ。自分にできることを、できる範囲でやっているだけで。

田丸　自由律俳句って知らない人もいるんじゃないかと思うんですが、まずは、自由律俳句とはなにかということから教えていただけますか？

せきしろ　いわゆる俳句には「五七五」という定型のリズムがありますよね。自由律俳句は、その縛りがありません。律、つまりリズムが自由なので「自由律」。ちなみに季語もいりません。

**田丸** たとえば、どういった俳句があるんですか？

**せきしろ** 尾崎放哉さんが詠んだ自由律俳句に「咳をしても一人」というものがあります。これを定型俳句で詠もうとすると、どこか孤独感が薄れてしまう気がするんですよね。**見たもの、感じたものを直接伝えられる良さが自由律俳句にはありますね。**

**田丸** せきしろさんご自身は、どのようにして自由律俳句を知ったんですか？

**せきしろ** 高校生のとき、「国語便覧」という国語の副教材に載っていたんですよ。尾崎放哉さんと種田山頭火さんの句が載っていて、これはなんだ？って。

**田丸** へぇ。そこでビビッときたわけですね。せきしろさんは、又吉直樹さんと共著を出版されています。その一冊目が『カキフライが無いなら来なかった』。これは本のタイトルでもあり、自由律俳句でもあるんですよね。

**せきしろ** そうです。

田丸　僕は愛媛県松山市出身なので、いわゆる定型の俳句に慣れていて。定型俳句にも字余りや字足らずはありますが、自由律はそもそも、そういった形式がない。読んだ瞬間に衝撃を受けるというよりは、じわじわとあとからおもしろさがくるというか、得体の知れない感じがまた魅力的なんですよね。

せきしろ　僕自身、わざわざ言語化しなくていいことを考えるのが好きなもので。ずっと自分の中にはあった感覚だったんですよ。自由律俳句を知って「あ、表現してもいいんだ」って思いました。

田丸　自分の中に、あったんですね。自由律俳句を知る前から言語化していたんですか？

せきしろ　いえ、言語化はしてないですね。ほんと、どうでもいいことばっかりだったんで。たとえば自動販売機の上って、汚いじゃないですか。〝汚いな〜〟とは思っていても、それを言語化する必要はないし、誰もその情報を求めていませんよね？

田丸　はい（笑）。

せきしろ　なんか、そういうことも作品にしていいんだって思ったら、自分が救われた感覚もありました。

田丸　はぁぁー、なるほど。自由律俳句がどういうものか、これまであまり掴めていなかったんですけど、「わざわざ言語化しなくていいものを言葉にする」ってしっくりきました。僕にも詠めますかね？

せきしろ　田丸さんは詠めると思いますよ。というのも、僕の中で、定型の俳句は「写真的」、自由律俳句は「動画的」なんです。「カキフライが無いなら来なかった」という句も、その前後の時間があるというか。それも含めての作品なので。極端に言ってしまえば、短いお話なんですよ。だから田丸さんは得意なんじゃないかな。

田丸　へー！　おもしろい。せきしろさんが詠むときは、完成した形で言葉が出てきます？

せきしろ　いや、出てこないです、全然。

田丸　まずは着眼、着想から？

せきしろ　そうですね。歩きながらなにか目にとまったり、聞いていて気になったり、ちょっとしたことですよね。

田丸　まだ句になっていないけれど句になりそうな、最近気になったことってなにかありますか？

せきしろ　うーん。今日、バスに乗ってここまで来たんですね。停留所でバスを待っているときに、自分が乗らないバスが先にきたときの仕草って、なにが正解なんだろうと考えたりはしました。下を向いて気づかないふりをするのがいいのか、「乗りませんよ」って言ったほうがいいのか、来る前に一歩下がって乗らないアピールをするほうがスマートなのか……。

田丸　(笑)。これも句になりそうですか？

せきしろ　そうですね。句になるのか、コントになるのか。あと、いま田丸さんと僕の前に水が置かれているんですけど、僕だけ飲んじゃってて、なんか申し訳ないなって。

田丸　あははは。それでいうと、今日僕、ちょっとした荷物を持ってきていて、それを堂々とみなさんから見えるところに置いたことを、いま後悔しているんです。みんなに「差し入れ」だと思わせてるんじゃないか、思わせぶりな態度をとってしまったんじゃないかって。

**せきしろ**　「これは差し入れじゃない」

**田丸**　えっ⁉

**せきしろ**　こういうときに、一句できます。あとは推敲を重ねて、句として整えていけば。

**田丸**　わーーー。すごい！　一句できましたね。めちゃくちゃ面白いです。どんなふうに詠めばいいのか、ほんの少しですけど片鱗を掴めたような気がします。違和感だったり、考えすぎだったり、説明過多だったり、日常のいろんなところにタネがありそうですね。

## 小説もエッセイも、短文を組み合わせて書く

**田丸**　せきしろさんは、子どものころから文章を書くのが得意だったんですか？

**せきしろ**　僕、まったく得意じゃないです。今も、昔も。

**田丸**　学校の作文とか、読書感想文とかは？

**せきしろ**　全然ダメでした。

**田丸**　せきしろさんのエッセイ、大好きなんですよ。『その落とし物は誰かの形見かもしれない』では、道に転がっている落とし物の写真とエッセイが何本も収録されています。そのどれもが味わい深くて。今は、書くのは好きなんですか？

**せきしろ**　うーん。好きとはいえないですね。ただ、もうそれしか自分には表現方法がない、というか。

**田丸**　なにがきっかけで書くようになったんですか？

**せきしろ**　ハタチくらいのときに深夜ラジオにハガキを送ったんです。ラジオを聞いているとネタを思いつくので、ハガキを出してみたら読まれて。「あ、なんか書けるな」って。どれも短いフレーズですけど。それで、べつに頑張る必要はないんですけど、頑張って書いていましたね。

**田丸**　気づいたら、どんどん長い文章も書けるようになっていった？

**せきしろ**　正直、いまも長文に慣れてはいないです。文章を書くことに苦手意識があるんで、スラスラ書けないんですよ。だから**短いフレーズを書いていく。プロット**

に近い書き方ですよね。最後に短文を入れ替えたり、組み合わせたり、間にな
にかを入れたりして長文にしていく。すぐにオチを書きたくなっちゃうんで。

田丸　早く終わらせたくなっちゃう？

せきしろ　そう、そう。だから、こういう自分なりのやり方を編み出して、終わらせない
ようにしながら文章を書いています。

目の前にいる人のカバンの中には
なにが入っている？

田丸　せきしろさんといえば、視点のユニークさや、切り口の豊富さが印象的です。
『海辺の週刊大衆』は無人島に取り残された男が、一冊の週刊誌とともに救助
を待つお話ですが、一冊の中にこれでもかといろんな切り口が出てきますよね。
こういった多角的な視点って、どうやって磨いていったんですか？

せきしろ　なにかお題が出されたときに、いくつかふわっと視点が生まれて、そこからが
本番という感じはしますね。すぐに出てきたものは捨てて、別の視点がないか

を考えたりはします。

田丸　それは日常的に？

せきしろ　そうですね。あと、勝手に特訓していたりします。電車に乗っているときに、次の駅までおもしろいことを三つ考えなきゃダメとか。

田丸　えー！　それはもちろん自主的にですよね？　日頃からトレーニングしていると。

せきしろ　まぁ、時間つぶしなんですけど。最近、年をとったせいか、朝早く起きちゃうんですよね。だから午前中が長くて。ずっと喫茶店にいるんですけど、たとえば目の前に座っている人のカバンには何が入っているんだろう、みたいなことを考えて時間をつぶしています。切り口なのか、角度なのか。カバンの中に入っているものは個体なのか、液体なのか、もしかしたら気体かもしれない。目に見えないもの、の可能性もある。どう見るかということですね。

田丸　おもしろいなぁ。ちなみに、言葉のインプットってどんなふうにされていますか？

**せきしろ**　看板とか、注意書きとかよく見ていますね。

**田丸**　SNSにもアップされていますよね。

**せきしろ**　インプットになっているかはわかりませんが、無断駐車の罰金に注目して歩いて、より高い金額を探してまわったりします。大体2〜3万円なんですけど、10万円を超すところもありますよ。

**田丸**　あははは。

**せきしろ**　言葉を覚えられないタイプなんですけど、「レターパックで現金送れば全て詐欺」とか、そういう言葉は一度見たら忘れませんね。

**田丸**　そこに注目を！

**せきしろ**　大事なことは一切覚えていないんですけどね。いや、「レターパックで現金送れば全て詐欺」も大事なんですけど。

**田丸**　ですね（笑）。

**せきしろ**　だからやっぱり、田丸さんが先ほど言った〝説明過多〟の情報が好きなのかもしれない。「このトイレを従業員も使用します」とか、「あー、使用するんだな」っていつも読んでます。

田丸　「読む」んですね。僕の場合だと、看板とか注意書きって「見る」っていう感覚なんですよ。文字を読むというより、画像として処理している。せきしろさんは「読んでいる」から、残り方が違うのかなって。

せきしろ　たしかに読んでます。看板とかも、口に出して読んじゃっているときがあって、完全にあやしいやつなんですけど。

田丸　なるほど。読むのはお好きなんですね。

せきしろ　好きですね。昔から「Ｎｕｍｂｅｒ」をよく読んでいて、ああいう硬い文体に憧れたりします。翻訳された文体も好きですね。あと「音楽評」も、好きです。

田丸　へぇ。どんなところが好きなんですか？

せきしろ　音楽評とかＣＤ評って、わりと関係ないことで誌面を埋めるタイプの人がいるんですよ。それで最後にちょっとだけ、その作品に触れて終わるっていう。ああいうの、好きです。

田丸　せきしろさんの文体にも通じますよね？

**せきしろ**　どこまで自分の得意な分野で書けるか、挑戦しているような文章が好きなのかもしれません。

**田丸**　僕の本の解説を書いていただいたときも、随所にせきしろさんのエピソードが出てきて、最後にそれが作品と一つにまとまって。せきしろさんらしいなぁ、すばらしいなぁと感じたんですけど、でもこれってすごく難しいですよね？

**せきしろ**　自分のことだけを書いてもダメでしょうし、いかに評するものと繋げて書けるか。雑誌などで、自分の本の書評を読んだときに「あ、この人、読んでないな」って感じること、ありませんか？　そういうふうに思われたくなくて、「読みました」「聴きました」ということがしっかり感じられるように、とはいつも思っていますね。

## ほんの数文字で
## 印象が変わるのが日本語

**田丸**　せきしろさんは、日本語の魅力って何だと思われますか？

せきしろ　難しいっすね。うーん。語尾一つで印象が変わる、ほんの数文字で変わるというのは日本語にしかない魅力なのかな。「メロスは激怒した」のと、「メロスはまた激怒した」では、まったく違う人になりますよね。たったの2文字ですけど。

田丸　よく怒っている人になっちゃう。

せきしろ　「自称メロスは激怒した」とか。自称がつくと、イメージが変わる。あと「メロスは激怒した。4年ぶり3回目」とか甲子園みたいになると、またちょっと違う。

田丸　あははは。せきしろさんワールドだ。「メロスは激怒した。4年ぶり3回目」だと、ちょっと動画っぽくなりますね。物語を予感させるというか。

せきしろ　そうなんですよ。他の言語がどうかわからないんですけど、日本語には少ない言葉でもそういう力がありますよね。だからちょっとした言い間違いで相手を怒らせたり、誤解させたりもしてしまう。

田丸　そうですね。語尾を言い間違えるだけで違う意味になってしまいますし、細部まで気をつけないと。せきしろさんは、好きな日本語ってありますか？　単語でも、フレーズでも。

**せきしろ** なんだろう……。「曇天」は好きです。

**田丸** 曇天!?

**せきしろ** 言葉が好きなのか、曇天自体が好きなのか。僕は北海道の出身で、冬はずっと曇天が続くので、どこか惹かれる部分があるんですよね。本当は「絆」とか言っておいたほうがいいんでしょうけど。「愛」とか「感謝」とか。

**田丸** 「希望」「未来」とかね(笑)。「晴天」とか「さわやか」の真逆にあるものに惹かれる感覚が、せきしろさんの中にあるんでしょうか。

**せきしろ** さわやかではないですからね、僕自身。憧れはありますよ。「さわやかだね」って言われたいですし。

**田丸** でもその一瞬あとには、違うところに目が行く感じですか?

**せきしろ** そうですねぇ。**僕たち作家って、ありきたりな言葉を使わないように生きているじゃないですか。だからちょっと、考えちゃうところはありますね。**

**田丸** せきしろさんの中にある言葉のイメージって多層的ですよね。誰しも一つの言葉に対して一つのイメージだけを持っているわけではないんですが、せきしろさんの場合は、とりわけ複雑で奥深い。幾重にもイメージが重なっている気がしますね。最後に、ちょっと難しい質問になってしまいますが、せきしろさんにとっての「言葉とは？」をお聞きしたいです。

**せきしろ** たとえば何人かと映画を観たときに、みんな「あのカット割りがいい」とかって言うじゃないですか。僕は、カット割りに一切興味を持てなくて。たぶんセリフだけしか気にしていないんです。音楽を聴いていてもそうで、歌詞ばかり注目してしまう。

**田丸** わかります。僕もそうです。

**せきしろ** だから何だろう、生きていくうえでなくてはならないもの……？

**田丸** 僕の勝手なイメージですが、看板なども「見る」というよりは「読む」という感じに近いという先ほどのお話からも、せきしろさんの場合は、なんだか言葉にまつわる感覚が五感と並列な第六感的なところにおありのような印象を受けました。なんなら、五感よりもその言葉の感覚のほうが先に反応しているような。

**せきしろ**　そうなのかもしれない。言葉がないと始まらないですから。すべての始まりみたいなものですね、僕にとっての言葉は。

# 短歌は手紙。誰かに思いを届けたくて詠む

**俵万智（歌人）**

PICKUP

コトバノまほう

◎幼いころに絵本を暗記してしまうほど何度も読む

▼絵本は短いフレーズが多く、リズミカルなため、短歌や詩に興味を持つきっかけになる

◎日常の中で心が揺れ動いたときを起点にして、言葉を探す

▼料理や散歩をしているときなど、日常生活の中で言葉の芽を摘むイメージ

◎短歌は自分の思いと近い言葉で表現する

▼短歌は日記よりも手紙に似ていて、自分の思いを表現するもの

**俵万智《たわらまち》**

1962年大阪府生まれ。1986年『八月の朝』で角川短歌賞受賞。1988年第一歌集『サラダ記念日』で第32回現代歌人協会賞受賞。2003年『愛する源氏物語』で紫式部文学賞受賞。2006年『プーさんの鼻』で若山牧水賞受賞。エッセイや評論、翻訳作品も多数手がけている。

## 短歌や詩の世界に興味を持つ素地は絵本がつくってくれた

田丸　作文や詩、短歌をつくることは、子どものころからすでにお好きでしたか。

俵　そうですね。子どものころから本を読むのがとにかく好きで、作文や詩を書くのも好きでした。ただね、純粋に書くことを楽しんでいただけじゃなかったんです。第三者の目といいますか、読み手を意識していました。小学校低学年のときに、「みかんのお風呂」という詩をつくったんですが、最後に「なんだか目が酸っぱくなっちゃった」というフレーズを思いついたとき、「あ、ここは、絶対に先生に響くな」って（笑）。

田丸　すごい！「目が酸っぱくなる」って、文学的表現ですよね。こういった表現ができるのは、たくさん本を読まれていたことも影響しているんでしょうか？

俵　影響していると思いますね。幼いころは、暗記してしまうくらい絵本を何度も読んでいました。絵本って、短いフレーズが多いでしょう。それにリズミカルですよね。もしかしたら短歌や詩の世界に興味を持つ素地は、絵本がつくってくれたのかもしれません。

## 日常の中にある心の揺れを起点に言葉を探していく

田丸　俵さんが日々、どのように創作活動を行っているか、お聞きしたいです。

俵　たとえば何時から何時までと時間を決めて、机にむかって短歌をひねりだすというやり方はしません。

日常の中から、その芽を摘んでくる感じに近いです。

料理をしているときも、散歩をしているときも、なにか心が動いたときに歌をつくっています。

田丸　まさに僕は、俵さんの「にわか雨よりも激しき音たてて空芯菜を炒めておりぬ」という歌が大好きなんです。

あの歌も料理をしているときに着想を得たんですか？

俵　そうですね。炒め物をしているときの「ジャーーッ」という音が、なんだか、にわか雨みたいだなぁと感じて。でもフライパンとの距離が近いから、にわか雨よりもっと激しい音だなと。そんなことを考えていたら歌になって。

**田丸** たとえば、なにかフレーズを思いついたときに、言葉の断片をメモされたりもしますか？

**俵** 言葉のかけらをちょっと拾ってメモすることはありますね。

**田丸** 創作ノートみたいなものに？

**俵** いえいえ、そんな立派なものじゃなくて。スケジュール帳のね、小さな余白にちょっと書きつけたりするくらいです。

**田丸** なるほど。日々、言葉の世界、短歌の世界に身を浸して、呼吸をするように歌が生まれているんですねぇ。

**俵** そんな大層なものではありませんが……（笑）。

ただ、歌って不思議なもので、あまり気負ってつくろうとすると逃げてしまうんですよね。こちらが前のめりになりすぎるのは良くない。一方で、なにも考えていないと通りすぎてしまう。ほどよくアンテナを張っているのが良い気がしています。日常の中での心の揺れを起点に言葉を探していく、そんなイメージです。

田丸　とても興味深いです。第六歌集『未来のサイズ』の表題的な一首である「制服は未来のサイズ入学のどの子もどの子も未来着ている」これも僕の大好きな歌なんですが、この歌も同じようなイメージで生まれたんですか？

俵　この歌は、息子の中学の入学式で感じたことが起点になっています。中学生っていちばん身長が伸びる時期だから、制服屋さんも信じられないくらい大きめのサイズを勧めるんですよ（笑）。

田丸　一年生はみんな、ぶかぶかの制服を着ていますよね（笑）。

俵　そうそう。入学式で、どの子もぶかぶかの制服で入場してきて。その姿にはどこかおかしみもあるんだけれど、この子たちは必ずこのサイズに合う身体になっていくんだなぁって感じて。ああ、この子たちは未来に向かって生きているんだ、未来そのものを着ているんだって。それは成長を約束されているという示唆でもあるし、一方で、どうか子どもたちの未来が窮屈なものではなく、この制服のようにゆとりがあって豊かなものでありますようにという願いでもある。そんな思いをこめてタイトルにしたんです。

田丸　僕はこの歌を読むと、心を打たれて、泣きそうになってしまいます。子どもたちへまばゆいばかりの希望を感じつつ、成長していってしまうというか、いつまでも同じ場所にはとどまっていないことへの親目線での寂しさも同時に感じてしまって。とても好きな、まぶしい一首です。

## 「たくさん読んで、たくさん詠む」のが上達への近道

田丸　俵さんは、現代的な言葉選びも特徴的ですよね。

俵　古い言葉で書くと、どうしても不自然になってしまいますから。友だちに宛てた手紙に「いづれの御時にか」とは書かないじゃないですか（笑）。**短歌は思いを表現するものですから、自分の思いと近い言葉で表現したいんです。**

田丸　最初からそうだったんですか？

俵　最初につくった歌というのがハッキリしないのですが、学校の授業でおそらく生ま

れて初めて短歌をつくったのが高校時代。
「田楽を初めて食べし山の茶屋山椒と味噌と雨の匂いと」
「君を思いぼんやりいじる知恵の輪のスルリととけてため息をつく」
どの歌集にも収まっていない、活字になっていない歌なのですが、この2首は先生に褒められたので覚えています（笑）。

田丸　はぁ、すごい！　貴重ですね。俵さんが初めて詠んだ歌を聞けて幸せです。
どうやったら短歌がうまくなるのか、日本語の感性が磨かれていくのかについては、どう思われますか。

俵　短歌の場合、私がおすすめしているのは「たくさん読んで、たくさん詠むこと」。他の方が詠んだ歌をたくさん読んで、自分自身もたくさん詠む。インプットとアウトプットを繰り返すことが、やはり上達への近道だと思います。料理の道具もたくさん使うと、だんだん手に馴染んできますよね。言葉も同じです。

田丸　たくさん使うことが大事だと。

俵　はい。よく「好きな言葉はありますか」「短歌に使える言葉と使えない言葉はありますか」というような質問をされるのですが、「どんな言葉も使ってあげれば喜ぶよ」と答えています。
言葉そのものに良い悪いはなくて、どんな言葉も使い方次第だし、使い手次第。どの言葉も平等に好きでいたいし、使っていきたいと考えているんです。

**田丸**　言葉は時代と共に変わっていくものですよね。歌集『未来のサイズ』では、コロナ禍ならではの言葉をはじめ、今を象徴するフレーズがたくさん出てきます。新しい言葉をインプットしたり、言葉を貯金していったりするために何か工夫されていることはありますか？

**俵**　そうですねぇ。言葉は自分の相棒だと思っているので、ちょっとおもしろい表現を聞いたり、不思議な言いまわしに触れたりすると、無条件に反応してしまうんですよね。だから、子どもが小さいときは、毎日飽きなかった。

**田丸**　俵さんの歌には、息子さんのセリフがよく出てきますね。

**俵**　子どもの言葉って、やっぱりすごくおもしろくて。子どもの言葉は短歌にするときに刺身で出せる感じがするんですよね。そのまんま使えるというか。

**田丸**　ほう、刺身で出せる！

俵　大人の言葉はね、それなりに工夫してソースをかけたり、盛り付けを変えたりしないとそのままは出せない。とくに恋愛の歌なんかは、そのまんま切り出しても、決して人様に出せるものにはならない（笑）。

田丸　おもしろいですねぇ。セリフをそのまんま出すか、磨いてから出すか、どこまで磨くか。これも言葉の使い手次第なんですよね。ちなみに、俵さんご自身が歌集や本を読むときには、感想やメモなどを書きこんだりしますか？

俵　わりと書きこむタイプです。

田丸　本に直接？

俵　はい、そのときに思いついたことをメモしたり、気に入った言葉に線を引いたり。歌集を読んでいると、自分もなにかつくりたくなって、余白に自分が思いついた短歌を書いちゃうこともあります。

田丸　ははぁ。歌集を読んで、新しい歌をひらめくんですね！

俵　歌を読んでいると、「五七五七七」のリズムが自分の中に耕されて、ふっと歌が浮かぶことがけっこうあるんですよ。短歌を詠むのに行きづまったら歌集を読む、これはおすすめです。

**田丸**　たしかに僕も、他の方が書かれたお話を読むと、ショートショートを書きたくなることがあります。読むことで感覚が磨かれ、新たな刺激となって創作意欲がわいてくるんでしょうか。とても素敵なアドバイスをいただきました。

## 「この思いを言葉にして誰かと共有したい」が歌を詠む原動力に

**田丸**　俵さんは俳句を詠まれることはありますか。

**俵**　ありますよ。ごくたまに、ですけど。ただ、短歌と俳句はまったく別のものですし、うまくはないですね。

**田丸**　俵さんにとっての短歌と俳句の違いって何でしょう?

**俵**　俳句というのは、やはり季語がとても大切な存在なんですよね。季語に託して何かを表現する文芸だと捉えています。

**田丸**　短歌は季語がないから、季語に託さなくていい?

**俵**　そうですね。短歌には季語はなくていいですし、五七五七七の「七七」に思いをこめられます。シンプルにいうと、五七五で状況を描いて、七七でその状況への思いを書く。思いを伝えるスペースがあるんです。だから思いをこめたい人には短歌が向いているかもしれませんね。

田丸　俵さんは長らく新聞の短歌投稿コーナーの選者も担当されています。毎週約2千通もの投稿があるそうですね。

俵　はい、すごいことですよね。職業歌人ではないさまざまな方が毎週のように歌を詠んで送ってくださると、海外でお話しすると心底驚かれるんですよ。まず、新聞に短歌や俳句のようなコーナーがあること自体、稀有なことですから。

田丸　世界に誇れる文化ですよね。

俵　本当に。みなさんの投稿を読んで感じるのは、「短歌は時代を映す鏡」だということ。大地震があったあとには震災に関連する歌が増えますし、コロナ禍ではマスクやワクチンといった言葉をよく目にするようになりました。テーマとなるのは新聞の見出しになるようなセンセーショナルな出来事とはまた違うんです。短歌で詠まれるのは、日々の暮らしの中で多くの人が感じていること。

ごく身近にある私たちの感情が言葉になっている。三十一音と短いからこそ、日々浮かんでは消えていく泡のような、だけど確かにそこにあった感情が綴られています。

だからこそ、新聞に短歌コーナーがあるのは意義深くて、ある種、普通の人たちの思いの歴史が刻まれているんだと感じます。

**田丸**　数多くの短歌を読んでこられ、またご自身では短歌のあり方を変えてきた俵さんが、これからの短歌に期待することはなんですか。

**俵**　そうですね。ＳＮＳの時代になって、若い人たちはとくに短い言葉での発信に慣れています。だから、以前よりももっと気軽に歌をつくってくれている気がするんです。

なんだか頼もしいような、うれしい兆しを感じています。

私は、高校生を対象にした短歌大会の審査員も担当しているんですが、年々、応募作品が増えているんですよ。みんな、歌もうまくて。短い文章を発信する機会が増えていることがトレーニングになっているんだなと思いますね。

**田丸**　たしかにSNSによって発信のハードルが下がり、より手軽に作品をつくって発表できるようになりましたよね。俵さんご自身は、歌を詠むときの心持ちとして大事にされていることはありますか。

**俵**　「短歌は日々の出来事や思いを書き留められる」というような話をすると「日記代わりですね」と言われることがあります。

ただ私は、短歌は日記よりも手紙に似ていると思っていて。

「この思いを言葉にして誰かと共有したい」「誰かに届けたい」という気持ちが強いんです。日記であれば、人知れず書いて、机の引きだしにしまっておけばいいんですけれど。短歌にしたり、歌集にまとめたりするのは、この手紙を誰かに読んでほしい、読んでくれたらうれしいと思うからこそ。

人に読まれて、誰かに届いて、はじめて歌は完成する。そんな気持ちで日々、短歌を詠んでいます。

# 心が豊かになると、言葉に力が宿っていく

## 林家たい平（落語家）

PICKUP

**コトバノまほう**

◎言葉を自分たちで吟味する

▼時代に合っているかどうかは、バトンを受けとって次につなげていく僕たちが吟味しなければならない

◎言葉を学ぶよりも「心を学ぶ」

▼言葉は下手なままでもいい。心をこめる、相手の心に届けようとすることが大事

◎「いい表現はないか」と探る

▼すでに知っている言葉だけで表現を完結してしまわないで、あれこれ探っていくことで言葉は増えていく

**林《はやし》家《や》たい平《へい》**

1964年埼玉県秩父市生まれ。落語家、タレント。1988年林家こん平に入門。落語の定期公演を行いながら、「笑点」（日本テレビ系列）をはじめ、様々なテレビ番組にレギュラー出演。2010年には自身の出身大学である武蔵野美術大学客員教授に就任。

## 国語力があると毎日が楽しくなる

**田丸**　長くお世話になっているたい平さんに、あらためて言葉についてお伺いできるのを楽しみにしていました。さっそくですが、落語家さんにとって国語力は重要だと思いますか？

**たい平**　落語も言葉遊びですからね、やっぱり重要ですよね。正しい国語力から生まれるナンセンスがおもしろいんですよ。

**田丸**　ほう！　どういうことでしょう？

**たい平**　僕も、落語を広めるために中高生の前でお話しするときがあるんですけど、「すでに日本語に慣れ親しんでいる私たちが、なぜ、国語を学ぶ必要があると思いますか？」と問いかけることからはじめるんです。
正しく国語力をアップさせるとね、日常の風景が劇的におもしろくなるんですよ。
たとえばトイレに入ると「備え付けのトイレットペーパー以外は絶対に流さないでください」と書かれていることがあるんです。

**田丸**　はい、そういう貼紙をよく見ますね。

たい平　この言葉にはすごくおもしろみがある。だって、トイレットペーパー以外、絶対に流しちゃいけないんですよ？　ということは、今しがた用を足したね、自分の分身は流しちゃいけないわけです。

田丸　あははは。

たい平　どうしたらいいんだって、一人でトイレの中でほくそ笑むわけです。この文章は、「紙は」という主語が抜けているんですよね。主語が抜けたことで本来の目的を達せないというナンセンスな笑いが生まれている。そう気づけると、おもしろいでしょう？　こういうことって街中にあふれていますよ。国語力があるとね、毎日楽しくなります。

田丸　その視点から国語力の効用について考えてみたことはなかったです。

たい平　おもしろいでしょう？　最初っからトイレの話で恐縮ですけれど。

## 師匠の真似だけでは、自分らしさは出ない

田丸　いわゆる持ちネタっていくつぐらいあるんですか？

たい平　これまでに覚えた落語は100ちょっとあります。ただ、なにもリハーサルせずに「やってください」と言われて、すぐにできる話は40〜50席くらい。

田丸　すごい数ですね。

たい平　いやいや、100とか200くらいできる人もいらっしゃいますから。

田丸　ぜんぶ暗記するんですよね？　どうやって覚えるんですか？

たい平　まず楽屋で師匠方の落語を聞いて「あ、この落語をやりたい」と思うんです。それから、いろんなところでその落語を聞いているうちに、だいたい覚えます。稽古をする前に7割くらいは覚えているんじゃないかな。

田丸　わー、そうなんですね。稽古というのは、どんなふうに？

たい平　昔から「三遍稽古」というものがありまして。師匠から直接、口頭で稽古を受けるんです。一回目は一席、通しで師匠の落語を聞き、二回目は師匠によっても違うんですが、途中で「ここはこういう意味だよ」などと解説をしてくれ、最後にまた通しで一席聞く。三回、師匠の落語を聞いて覚えるわけです。

田丸　聞いて覚えるんですね。すごい話です……。

たい平　最近はみなさん、スマートフォンで師匠の落語を録音したりしてね。僕も、前座の修業中のときは、大学ノートに全部書き写して、何度も読んで、覚えていたんです。でも、最近は暗記するのをやめました。

**田丸** えっ、なぜです？

**たい平** 「三遍稽古」で録音をしたり、ノートに書き写したりすると緊張感がないでしょう？　自宅で何度も再現できるわけですから。

メモをとらずに、ぐっと集中して師匠の落語を聞く。そして印象深い、柱となる大切な言葉を胸に刻んでいく。柱と柱をむすぶ途中の言葉は、自分で「どんなんだったかな？」と思い出しながら、紡いでいくんです。

**田丸** ははあ、思い出しながら。

**たい平** そうすると、より早く自分らしい落語ができあがるんですよ。

古典落語は、物語自体は変わりません。では、どこで自分らしさを出していくかというと途中の言い回しだったり、話の展開の持って行き方だったり。

師匠の一言一句をただなぞるだけだと、上手にはできても、自分らしさみたいなものを出すのはなかなか難しい気がするんです。

**田丸** たしかに。それならみんな、師匠のテープを聞けばいいということになってしまいますよね。

たい平　昭和の初期の名人上手って、みんな個性的だったんです。それは録音する術がなくて、自分で言葉を紡いでいくしかなかったから。ただね、田丸さん。

田丸　はいっ。

たい平　前座のときから、これをやったらダメなんです。前座のときは、師匠から教わった通りにやることが大事。まずは基本を身につけなければいけませんから。一言一句その通りにやって、ちゃんと落語がわかってから、僕みたいなやり方をする人が出てきてもいいと思うんです。

田丸　なるほど、破っていくのは基本を身につけてからということですね。ショートショートでも同じことが言えるように思います。

ちなみに、時代にあわせて、言葉をあえて変えることもあるんですか？

たい平　時代に合っているかどうかは、バトンを受けとって次につなげていく僕たちが吟味しなければと思っています。こう教わったから、前の師匠もやっていたからと、考えなしにやるのは良くないと。

田丸　はい。

たい平　たとえば「芝浜」という落語でね、お酒に走ってしまう亭主をなんとか働きに行かせようとして、おかみさんが冒頭「お前さんが働いてくれないと、釜の蓋が開かないんだよ」と言う台詞があるんです。
だけど、落語を聞きに来てくれている現代の女性は「そんなにだらしない夫なら、さっさと別れたらいいのに」って思うわけですね。するとオープニングからお客さんの心が離れてしまうんです。
じゃあ、「釜の蓋が開かないから」という台詞じゃなくてもいいんじゃない？「あんたにはいつもイキイキしていてほしいから」とか、「その姿を見るのが好きだから」に変えてしまってもいいんじゃないかって。そうすれば「芝浜」の骨子をずらさず、お客さんの心も離さないでいられる。そんなことを考えながら、日々試行錯誤していますね。

田丸　落語では江戸言葉（江戸弁）って言われるものも使われるんですよね？

たい平　使います。でも今は江戸訛りみたいなものを落語で使っていると、お客さんからはこの落語家さん訛ってるよって思われちゃうので、なかなか難しいところではありますが。

ただ、その言葉の響きみたいなもので、自分の中に眠っていたDNAをくすぐられるみたいな気持ちよさは、江戸訛りや江戸弁にあるのかもしれませんね。

田丸　「するってぇと」みたいなのもそうなんですか？

たい平　そうですね。巻き舌で喋るのも江戸弁ですし、江戸訛りっていうのがありまして。たとえば「東海道」や「中山道」って言ったりするんですね（※「東」「中」にアクセントを置く）。これ多分、江戸訛りだと思うんですけども、僕たちも師匠方から江戸訛りの「東海道」で習っていまして。お客さんにアクセントを間違えてると思われてもいいやっていう、こちら側にはその気構えがあるんです。だって、こっちの言葉の方が素敵だと思うから。

田丸　なるほどですねぇ。素敵だと思うから変化させない。

たい平　それから、江戸弁や江戸訛りではないんですが、昔の言葉で「はばかり」という言葉もあるでしょう？　これを「便所」とすると違うなと、やっぱり「はばかり」のまま使ったりします。ほかにも、船を繋ぐという意味の「船を舫《もや》う」という言葉などもそうですが、今の人には伝わらないかもしれないけれども、僕たちが使い続けることによって、現代にもう一度生きてくる言葉もあるんじゃないかと思っています。

田丸　何を変化させて、何を変化させないか、ですね。

たい平　ええ。それには、ちゃんと僕たちが意識を持って、この言葉はこの言葉のまま伝えたいっていう、しっかりとした意思がないと駄目ですよね。**教わったからそのまんまではなくて、教わったのを一度自分の中に通して、自分のフィルターからもう一度出たときに、この言葉はこの言葉でいいんだって思えるかっていう。**

## 日常の中にある心の動きを言葉にしてみよう

田丸　言葉のプロであるたい平さんに、言葉をうまく操るために心がけていることについてもお伺いしてみたいです。「うまく操る」という表現が適切でないような気もしつつですが……。

たい平　そうですねぇ。まず、上手に操ろうと思った時点で、うまく喋れなくなる気がします。

田丸　なるほど。

たい平　だから上手に操ろうと思わないことですね。下手なままでもいいんです。たとえばね、落語を見てくれた若者に「たい平！　今日の落語、めちゃおもしろかったよーっ!!」って言われたらね、すごくうれしいですよ。人によっては「もっと丁寧な言葉を使いなさい」と言うかもしれないけれど。心がこもっていたら、僕の心には届くんです。

田丸　うん、うん。

たい平　だから言葉を学ぶよりも心を学ぶ、心をこめる、相手の心に届けようとすることが大事なんじゃないかと思うんですね。

田丸　言葉よりも心を学ぶ。

たい平　学校で授業をするときも、僕はマイクを使わないんです。マイクを使うと、言葉の力が失せていく気がして。直接、学生に言葉を届けようとすると、僕と学生のあいだにある空気を震わせなければならないんですね。途中で失速しないようにって、自然と声に気持ちが入って、言葉にも力が宿るんです。

田丸　はぁ～、すごい。やっぱり心なんですねぇ。

たい平　でも、ときに心が先走って、うまく伝えられないこともありますよね。そんなときは、「いまのこの気持ちは、どういう言葉で表現すればいいんだろう?」って立ち止まってみてください。アンテナが立っていると、小説を読んだり、なにか文章を見たりしたときに、言葉のほうから飛びこんできます。ちゃんと自分の心を表現できる言葉を獲得できるんです。**最初に言葉を覚えようとするんじゃなくてね。心を養うことによって生まれる言葉があるんですよね。**

**田丸** 順番が大事ですね。

**たい平** このコロナ禍で、いろいろな言葉が生まれました。「人流を止める」なんてフレーズもよく聞きますけど、「人流」なんて言葉があったかなと思って辞書を調べたら、当時はなかったんです。

**田丸** そうなんですか。

**たい平** ほかにも「黙食」なんて言葉がありますね。飲食店さんが「黙って食べて」という代わりにこの言葉を掲げて、日本中に広まったといわれています。つらいけど黙って食べようと、人々が共感したからこそ広まったんです。

**田丸** そうですね。

**たい平** 一方、「人流」っていう言葉は、一般の人には広まりませんでした。どこか国民よりも優位に立った、専門家然とした言葉だったから響かなかったんだと思うんです。これは力のない言葉だったわけです。

田丸　なんとなく記号的というか、人の流れの中に一人ひとりが生きている感じがしない言葉ですよね。

たい平　そうなんですよ。人を一つにまとめたり、導いたりするときには言葉の力が重要です。心を感じられる、命のある言葉じゃないと人は動かないことに、今回あらためて気づかされました。

田丸　まさに言葉のプロフェッショナルだなぁと感じます。ちなみに、たい平さんは美大出身ですよね。言葉による表現と、絵やデザインによる表現って通じるものがありますか？　それともまったくの別モノなんでしょうか？

たい平　本質的には同じだと思います。子どものころに買ってもらう絵具って、たいてい12色入りだったでしょう？　そこから24色になり、36色になり、１２０色になって……使える色が増えると描ける絵も変わっていくんです。言葉も同じで、経験が増えたり、心が成長したりすると言葉の絵具が増えていく。

田丸　10年前にはできなかった落語ができるようになったりするんですよ。使える言葉も経験を積み重ねていくことで増えていって、表現の幅も広がっていくと。

たい平　そう思います。120色の色鉛筆でも、山の新緑を描くにはぜんぜん足りません。自然は、市販の緑色にはない色ばっかりなんですね。調合したり、塗り重ねていったりしなきゃいけない。**言葉も同じでね、「もっといい表現はないか」と探していって、うまくいったり失敗したりしながら、一つずつ言葉が増えていくものじゃないですか。**

田丸　まさにですねぇ。

たい平　**日本語は、微妙な0.1ミリの心の動きをちゃんと表現できる言語**ですから。たまに日本映画を英語の字幕で見ているとね、「えっ、これだけの言葉でちゃんと訳せているの？」と思うくらい短いですよね。日本語には感情を表現する言葉がたくさんあって、表現が繊細なんで。

田丸　たい平さんのお好きな日本語は何ですか？

たい平　いろいろありますけど、「せやねぇや」かなぁ。僕のふるさとの秩父の方言なんです。子どものころ、遅くまで仕事をしている母に「お母さん、だいじょうぶ?」と声をかけると、「せやねぇよ」って返ってくるんです。「世話ないよ」、つまり「心配しなくていいよ、私は大丈夫だよ」っていう意味なんです。

田丸　素敵な言葉ですねぇ。

たい平　相手を思いやる言葉なんですよね。心配させたくないとか、相手を安心させたいとか複雑な感情が入っていて。

田丸　もしも「せやねぇよ」を英語にしたら……。

たい平　「All right」とか「Don't worry」になっちゃうでしょ?　そうじゃないよね。

田丸　まったく違いますよね。そんな繊細な表現ができる日本語だからこそ、すでに知っている言葉だけで表現を完結してしまわないであれこれ探っていかねばなと、改めて今日思いました。

たい平　そのためにも日常の中にある感動、心の動きを大事にすることですよね。そうして「今日の夕焼け、美しいなぁ」と思ったときに、この美しさを「美しい」以外の言葉で伝えたいんだよなと悶々とすることも大切です。その伝えられないもどかしさが、うまく表現できる言葉を探しはじめるきっかけになる。そうするうちに自分の気持ちにしっくりくる言葉が見つかったときには、うれしさも大きくなることでしょうし。

田丸　本当にそうですねぇ。

たい平　あとね、恋をすることって大事ですよ！　思春期のあまり言葉を持たない時期に恋をすると、相手を思いやったり自分の気持ちを表現したりする言葉を探すでしょう？

田丸　なるほど！　恋は、日本語の感性を豊かにする！

たい平　うん、確実に感性を育てますよ。こんな締めでいいんでしょうか？（笑）

田丸　はい、ありがとうございます。最高です！

# 焦って伝えなくていい。まずは自分に問うてみよう

堀潤（ジャーナリスト）

PICKUP

コトバノまほう

◎言葉の定義をすり合わせる

▼一度立ち止まって、「聞いてくれている人はいま、どう感じているかな？」と想像することが大切

◎自分自身との会話を大切にする

▼相手にどう伝えるかの前に、そもそも伝えたいことを自分自身がわかっているか、自分自身とコミュニケーションをとる

◎言葉は「誰でもできる創作活動」

▼誰かの意見と重なっていたとしても、私がこう考えたという事実は変わらない。「私は」と主語を置くことは、誰でもできる創作活動

堀潤《ほりじゅん》

1977年兵庫県生まれ。ジャーナリスト。2001年NHK入局。「ニュースウオッチ9」リポーター、「Bizスポ」キャスターなど報道番組を担当。2013年にNHKを退局し、現在は国内外の取材や執筆など多岐にわたり活動している。市民投稿型ニュースサイト「8bitNews」主宰。

# 誰もが知る、ありきたりな言葉を素因数分解してみる

**田丸**　お久しぶりです。堀さんと初めて会ったのは、意外や意外、大喜利でしたよね。

**堀**　そうでしたね。ユーチューブ番組の大喜利企画でご一緒しました。そのあと田丸さんに、私が担当しているTOKYO MXの「モーニングCROSS（現：堀潤モーニングFLAG）」にゲスト出演していただいて。

**田丸**　はい、そうでした。生放送で書き方講座をさせてもらったんですよね。その節はありがとうございました。今日は、そんな元NHKアナウンサーで、現在はジャーナリストとして活躍されている堀さんと、言葉にまつわるお話ができたらと思っています。

さっそくですが、ふだんの会話で使う言葉と、ニュースの現場で伝える言葉には、なにか違いはありますか？

**堀**　そうですね。ニュースの現場では、より言葉の素因数分解をしようと話しています。たとえば「幸福の価値がいま問われています」とか、「平和な世界が求められてい

ます」とか、よく聞くフレーズってあるじゃないですか。「幸福」や「平和」って、誰もが知っている言葉なんだけれど、みんなの解釈は本当に同じだろうかって疑問に思うわけです。

**田丸** いろんな解釈を含んでいるんじゃないかと。

**堀** はい。以前、子ども向けのワークショップを開催したときに「平和ってどんなことだと思う？」と投げかけると、30人いたら27、28通りの答えが返ってくるんですね。ある子は「落ち着いていること」と言う。別の子は「喧嘩をしないこと」だと答える。「元気よく遊びまわれること」「いつも笑っていられること」というふうに、いろんな意見が出てきます。
ただ、もしも、落ち着いている状態が平和だと考える子と、元気よく遊びまわれる状態が平和だとする子が共同生活を始めたら、ぶつかってしまいますよね？

**田丸** たしかに、平和じゃいられなくなる。

**堀** 誰もが知る言葉でも、私とあなたの解釈は違うかもしれない。だから、一度立ちどまって「言葉の定義をすり合わせる作業をしませんか？」と問いたい。そんなことを念頭に置いて、伝えるようにしているんです。

田丸　なるほど。

堀　そのためには「聞いてくれている人はいま、どう感じているかな？」と想像することが大切で。相手の意識を推しはかりながら喋ることで、かえって自分自身の言葉の定義が明確になったり、放送の中で多様な考え方を共有できるきっかけをつくれたりするんです。

田丸　これは僕の悩みでもあるんですが、相手の考えを想像しながら喋ると話がどんどん脱線していったり、補足がかさんで長くなってしまったりするんです……。

堀　私もいま模索している最中で、完璧にできているわけじゃありません。ただ、結果としての言葉を放つのではなくて、問いを立てる言葉が有効なんじゃないかと感じているんです。「平和の持つ意味とはなんだと思いますか？」という問いをまっすぐ投げていく。それによって聞いている人たち、見ている人たちにも参加を求めていく。だから僕にとってはメディアで伝えることに加えて、ＳＮＳなど、いわゆる相互でやりとりできるツールをものすごく大切にしているんです。

## 主語が曖昧になりやすい日本語だからこそ

田丸　伝える仕事をされていて、日本語って難しいなと思いますか?

堀　思いますね。

田丸　日本語の大きな特徴の一つに「主語を曖昧にできる」がありますよね。きっと生きていくうえでの知恵でもあったんでしょう。限られた国土の中で衝突や対立を少しでも避けるために「私はこう考えます」ではなく、「いまは社会がこうじゃないですか」と主語をぼやかす。すると責任の所在が曖昧になっていくんです。平時はそれでもいいんですが、緊急時や自分にとって不利益な事態が起きたときには、主語がないまま、いろいろなことが決められ、進んでいく社会は怖いですよ。

堀　たしかに。一方で、英語は主語が明確ですよね。一体、それを考えたのは誰なのか。主語を曖昧にしたまま語れるのは日本語の特徴ですね。

田丸　主語が曖昧という点では、大きな主語も気になります。

堀　「近頃の若者は元気がない」という言い方をしたりするじゃないですか。でも、付き合いのある若者がたまたまアグレッシブじゃなかっただけかもしれない。ちゃんと世の中を見わたせば、権力者に対して毅然と声をあげる勇気ある若者もいるわけです。「男は」「女は」「ＬＧＢＴＱは」という言い方も同じで、本当は一人ひとり違う。大きな主語でくくれないんですよね。

ですから、主語を小さくして固有名詞を入れるような会話を、丁寧にしてみませんかという提案をよくしているんです。

## 急いで伝えたいときこそ大事にしたい、自分との対話

**田丸** 言葉が適切ではないかもしれませんが……取材で相手の本音を引き出したいとき、どのようにされているんでしょうか？

**堀** 相手の本音を引き出す。それが嫌だから会社を飛び出したんですよね。なぜ引き出さなきゃいけないかというと、それは締切があるからじゃないか。夜9時のニュースに間に合わせなきゃいけないから、今日この瞬間にどうしても話を聞かなくちゃいけないって。

**田丸**　はい。

**堀**　でも、それって、なかなかしんどいことですよ。やっぱり無理があるんです。人と人との関係性が熟さなければ聞けないことがある。5年、10年と関係を続けて、「もう、そんなに経ったんですか」「早いですよねぇ」などと会話を交わす中で、聞こえてくる言葉のほうがいいなって思うようになったんです。

**田丸**　無理なく、自然に聞こえてくる言葉を聞きたいと。

**堀**　若いころはね、いっぱい苦い経験をしました。お子さんを亡くされた当日に、親御さんが話したいとおっしゃってくださって、インタビューをしたんです。でも、その当時のデスクにめちゃくちゃ怒られました。「いくら話したいと言われたとしても、お子さんを亡くした当日だぞ。混乱し、それでも冷静にならなきゃいけないと努める、ぎりぎりの心理状態で出てくる言葉は、果たして、本当に親御さんが語りたい言葉だといえるのか？　何日か、何カ月か、何年後かに、やっぱり違っていた、話さなければよかったと後悔するかもしれない」と。

これは正解のない問いだとは思います。ただ、本音のように見えることも、果たして伝えるべき言葉なのかどうか慎重であらなければいけない。こういう仕事の現場にいるからこそ、あのとき先輩からもらった言葉は、自分にブレーキをかけるペダルとしていつも心に置いています。

田丸　本当に伝えるべき言葉かどうかを吟味する。自分で自分にブレーキをかける。むずかしいですが、大切ですよね。もしかしたら報道にたずさわっていない人にとっても大事な視点かもしれません。

堀　いまは誰もが発信できる時代ですからね。多かれ少なかれ、みなさん火傷した経験をお持ちだと思うんです。あのときなんであんな言葉を言っちゃったんだろう、反対にあのときなぜ声をあげなかったんだろうって。

田丸　そうですよね。

堀　伝えるということを考えるとき、私は、自分自身との会話をもっと大切にしたほうがいいんじゃないかという気がするんですね。
コミュニケーションの話って、相手や第三者にどう伝えるかが問題になりやすいじゃないですか。でも、そもそも伝えたいことを自分自身がわかっているのかなって。

**田丸** まずは自分自身とコミュニケーションをとろうと。

**堀** さっきの平和の話もそうです。誰もが平和がいいって言うけれども、「僕にとっての平和ってなに？」「一体、どんな形をしているの？」「均衡なの？　調和なの？それとも冷戦のように冷えたまま戦わないことなの？」と自分に問う。そうして、ようやくポロポロと自分の言葉が出てくる。焦って、伝える必要はないんです。

**田丸** それこそ5年後、10年後だっていいわけですよね。

**堀** はい。伝えるべき言葉が生まれたときに伝えればいいと思います。

でも、どうしてもいま伝えなきゃいけないことがあるんだったら、まず自分に聞いてみたらいいんじゃないかな。わかってもらいたい、伝えたいという気持ちが先走ると、伝わるものも伝わらなくなってしまうので。

**田丸** まずは自分自身と向き合うことから、ですね。

## 言葉とは、〝自由な私〟が行う創作活動

田丸　いつまでもお話をお聞きしていたいところですが、最後に一つだけ。堀さんにとって言葉とはどういう存在なのでしょう？

堀　そうですね。**言葉はやっぱり「自由な私」だと思います。「誰でもできる創作活動」ですかね。**

田丸　言葉は、私の創作活動。おもしろいです。

堀　いまは誰かがつくったものをすぐに摂取できる時代じゃないですか。食事一つをとっても、コンビニに行けばすぐに食べられますよね。いろいろな知識や考えに触れたいと思ったら、SNSもあるし、本もあるし、映画もあるし、何だってある。「じゃあ、オリジナルな私ってなんだろう？」と考えると、「なにも持っていない」「なにもつくったことがない」と答える人が多いと思うんです。そういう人に「いやいや、言葉があるでしょう？」と伝えたい。「私が、こう考えた」「私は、こう思う」と語られた言葉は、私自身が生み出したもの。結果として誰かの意見と重なっていたとしても、**私がこう考えたという事実は**

**変わらないんですよ。「私は」と主語を置くって、誰でもできる創作活動なんです。**

田丸　いやぁ、おもしろい。先ほどの「主語を曖昧にしない大事さ」の話にもつながりますね。主語を明確にすれば、自分の言葉になる。

堀　はい。反対に思ってもいないことを喋ってしまったときの、あのなんともいえない敗北感や後悔、虚しさってあるじゃないですか。あれは自分で私の尊厳を汚しちゃったからだと思うんです。なんで、あんなことを言っちゃったんだろう。苦し紛れだったから。緊張していたから。怯えていたから。言葉が出なかったときも、なんで言わなかったんだろうって悔やみますよね。あれも、自分で自分を傷つけているから、なんですよね。

田丸　ええ、ええ。

堀　だから私は、みんなが「私はこう思う」「私はこうしたい」と自由に言いあえるほうがいいな、あたたかいなって思うんですよ。「そんなことを言うもんじゃない」「黙っておけ」じゃなくてね。「それがあなたのオリジナルね。ＯＫ。じゃあ、私も私のオリジナルを発表するね」みたいな感じで。

**田丸**　すごく共感します。僕も書き方講座で「私の空想はこうです。あなたの空想もいいですね」という感じで、一人ひとりの空想をとても大事にしているんですが、意見や考えを伝える場面でも自由であることは本当に大切ですね。僕にとってもとても考え続けたいテーマでした。

素敵なお言葉をたくさんいただき、ありがとうございました！

# 多感な時期の読書体験が、仕事にも生きている

**井坂彰（DJ）**

PICKUP

コトバノまほう

◎強い言葉の使い方に気を付ける

▼ラジオ番組は最初から最後まですべてを聞いてくれるとは限らない。文章のどこにその言葉を置くのか、声色や抑揚を調整する

◎ラジオは声が心に入っていく

▼ラジオ番組のすごいところは、声が耳に届くだけじゃなくて、言葉が心の中にまで入っていくということ

**井坂彰《いさかあきら》**

1963年香川県生まれ。DJ・パーソナリティ。18歳からクラブDJをはじめ、東京渋谷の大箱ディスコなどでプレイ。1986年から松山で活動し、1993年からFM愛媛でパーソナリティを務める。現在は、ラジオパーソナリティやタレント業、ディスコDJとして活動している。

## 書き言葉は加工品、喋り言葉は生もの？

田丸　長らくラジオパーソナリティとして活躍されている、いわば喋りのプロである井坂さんですが、書くほうはいかがですか？

井坂　一応、何年も前から番組のブログと個人ブログ、SNSでの発信はしているんですけど、まぁ書くのはちょっと苦手ですね。

田丸　喋り言葉と書き言葉では、違います？

井坂　喋り言葉のほうが感情を乗せやすいんですよ。ちょっと間をためるとか、笑いながら喋るとか、抑揚をつけるとか、喋り言葉では僕の言いたい感情をうまく伝えられるんですけど、書き言葉はダメですね。いかに感情を文章に乗せていくかを考えるのが苦手です。

田丸　そうなんですか！　僕は逆に、喋り言葉って怖いなと感じるんです。だって、生ものじゃないですか？　書き言葉は推敲や編集ができるけれど、一度口から出てしまった言葉は戻せない。そういう難しさがあるなと。

井坂　だからやっぱり考えますよね。人を傷つける可能性のある強い言葉を使うときは、どういう文章の中にその言葉を置くのかを考えますし、声色や抑揚を調整してニュアンスを変えることもありますし。

とくにラジオ番組は最初から最後まですべてを聞いてくれるとは限らない。車に乗っていて、たまたまラジオをつけた瞬間にバーンと強い言葉に出合うこともあるわけです。そういうことも加味して、話してはいますよね。

田丸　なるほど、難しい……。

井坂　昔はね、そんなの関係ないとか言ってたんですけど。今は、強い言葉を使いながらも、どうやって楽しんでもらえるかを探る感じに変わってきていますね。なるほど、そう感じる人もいますよね。じゃあどうしましょうかって。

田丸　変化されてきたんですね。長年、ラジオパーソナリティをされていて、言葉の力を感じることはありますか?

井坂　20年以上やっていると「中学のときからラジオを聞いています。いまは結婚して、子どもを送り迎えする車の中でかけています」みたいなメッセージがけっこうくるんです。「10年前に相談メールを送ったら、井坂さんにこういうふうに言われて、いまでもそのアドバイスを守っています」とか。

田丸　すごい！

井坂　言った本人は忘れているんですけど。僕の言葉をずっと覚えていてくれる人がたくさんいるんやなと思ったら、やっぱり言葉って力があるんだなと。

田丸　しかも小説であれば手元に置いておいてくりかえし読めますが、井坂さんのお仕事の場合は、一回聞いた言葉が心に響いて、何十年も残ってるってことですよね。

井坂　ラジオはたいてい、車の運転をしながらとか勉強をしながらとか、ながらで聞いてくれるものですからね。声が耳に届いているだけじゃなくて、言葉が心の中にまで入っているんだと思ったら、ラジオパーソナリティという仕事はすごいんやなと思いますね。

## 小学生のころは、文学全集を何十回と読んでいた

田丸　ちなみに、本を読むのは好きですか？

井坂　まぁ好きですけど、最近はほとんど読んでいないんです。漫画以外。ふふふ。

田丸　昔は読まれてた？

井坂　母親が本を買ってくれる人で、家にいろいろな種類の文学全集がありました。それで、何十回と読んでましたね。

田丸　それは小学生くらいのとき？

井坂　ですね。小学生のときが読書のピークかな。

田丸　じゃあ、多感な時期にたくさんの本を読まれていたんですね。

井坂　いま思うと、読んでいてよかったなと思いますよ。ラジオ番組でいろいろな話が出たときに「子どものころ、読んだ本やわ」ってわかりますし、けっこうみんなが知らない作品も読んできたんだなと感じますね。

田丸　うん、うん。

井坂　リスナーさんが送ってくれたメッセージは大量に読んでますけどね。でも、送られてきたまま読むことは少ない。書いているとおりに読んじゃうと、意味がわかりにくいときがあるので。無駄な部分をカットしたり、時系列を入れ替えたり、伝わりやすい言葉に僕が置き換えるんです。

田丸　えー！　それはメッセージを読む前の1、2分のあいだに？

井坂　はい。もうバババッと瞬時に判断していくんです。よく考えるとすごいな、僕！（笑）

田丸　いや、ほんとにすごいですよ。それって読解力ですよね？

井坂　あー、そうかもしれませんね。

田丸　長年のご経験も大きいのだとは思いますが、もしかすると子どものころに本をたくさん読まれていたことも読解力と何か関係があるのかもしれませんね。

## 喋りのプロがつくるショートショート

田丸　以前、井坂さんのラジオ番組に僕が出演させてもらったときに、一緒にショートショートをつくったこと、覚えていますか？

井坂　はい、はい。あれ、おもしろかったですね。言葉と言葉を組み合わせて不思議なタイトルを決めて、そこから発想してお話をつくると。

田丸　そうです。ぼくが全国各地で開催しているショートショートの書き方講座の簡易版をやらせていただいたんですが、あのとき井坂さんがつくってくださった「不思議な言葉」の中で、まだお話にしていないものがあって。どうです？　今日やってみませんか？

井坂　はい。

田丸　タイトルは「分厚いマイク」です。

井坂　えっ。僕、そんなこと言いました？

田丸　あははは。記録に残っているようです。

井坂　マジか。

田丸　「分厚いマイク」と聞いて、なにを思い浮かべますか？

井坂　えーっと、マイクは声を拾う道具ですよね。

ふつうは細長いですよね。

分厚いという形容詞は一番似合わないいんじゃないかな。

田丸　そうですよね。ズバリ、その「分厚いマイク」はどんなものだと思います？

井坂　うーん。なんだろう。

あー、たとえば、どんな言葉も厚みのある言葉に変えてくれるとか？　ただ単に「感動しました」みたいな言葉も、人の心にバーンと響くような言葉に変えてくれる。

そういうエフェクターが付いているみたいな。

**田丸** おーーー！　いいですね!!

**井坂** 逆に「分厚いマイク」を使うと、どんな悪いことが起きそうですか？

**田丸** 悪いことかぁ。自分の言葉に厚みを加えてくれるわけだから、ちょっとふざけて言った言葉にも勝手に厚みを加えられて、すげえ相手を傷つけてしまう。

いいですねぇ。もうお話ができました！　この場で簡単にですが考えていただいたことをまとめると、たとえばこんな感じでしょうか。

あるメーカーが「分厚いマイク」を開発した。そのマイクで喋ると、どんな薄っぺらい言葉も、胸を打つ分厚いセリフに変換してくれる。薄っぺらい人はもちろんのこと、コメントが苦手だったり、それによって自信が持てなかったりした人の生活も変えてくれると評判になり、どんどん売れていった。ただ、このマイクが普及するにつれて問題も発生するようになる。軽い気持ちで言った冗談が、人を追い込むような重くて厚みのある言葉に変換されてしまい、心を病む人が続出。あえなく生産中止に追い込まれた。

井坂　おー、いいですね〜。やっぱりおもしろい。やる前は絶対にできないと思うんですけど、意外と、簡単にできてしまうんですよね。

田丸　ありがとうございます。先ほど、書くのは苦手だとおっしゃっていましたが、井坂さんならユニークな話がどんどん生まれそうです。ぜひ、井坂さんワールドで次作にもチャレンジしてみてください！

井坂　はい、わかりました（笑）。

# 思考を手放して、自らの呼吸に集中して書く

**紫舟**（書家・芸術家）

紫舟《ししゅう》
書家・芸術家。「書」を平面や伝統文化の制約から解放した「三次元の書」をはじめ、書と絵画が融合した「書画」、象形文字の「メディアアート」など、伝統文化を新しい斬り口で再構築。フランス・ルーヴル美術館地下会場で金賞を受賞。NHK大河ドラマ「龍馬伝」の題字も手掛ける。天皇皇后両陛下御覧。

PICKUP

コトバノまほう

◎筆先と呼吸に集中して書く
▼どうやって書くかよりも、どうしたら集中の中に入っていけるかを考える

◎日本語は世界でいちばん美しい文字
▼漢字、ひらがな、カタカナが混在する日本語は複雑で難しくて、世界一美しい文字

◎いい字の基本は「姿勢」と「呼吸法」
▼書がうまくいかないときは「姿勢」が崩れていることが多い。吐く息で線を導く「呼吸」を意識する

## 呼吸と筆先を一致させることに集中せよ

**田丸**　紫舟さんの作品集を拝見して、迫力のあるものから繊細なものまで、どのように書が生まれているんだろうと気になりました。あらかじめ、字の造形をイメージしてから書きはじめるんですか?

**紫舟**　お習字をはじめた当初は、お手本を見て、限りなくその字に近づけるように墨の量や筆圧、毛の束である筆の面のどこが使われているかなどを読みとり、書き写していました。

そのころはお手本の字をイメージして、黒い線、つまり墨の跡を見ながら書いていたのです。

**田丸**　はい。

**紫舟**　プロになり、これまで自分の墨の跡を見ながら書いていたところから、白の空間である余白を見ながら字を書くようになっていました。

**田丸**　へぇ！　目線が変わったんですね。

**紫舟**　はい。これまで紙質や墨の質にこだわり、書の形を含めてどのように書くか考えをめぐらせていましたが、いまは、こんな形に書こうという意思はないのです。

田丸　事前にイメージされることはないと。

紫舟　目の前のまっしろな紙と対峙し、高い集中力の中にぐーーっと入っていく。自分の呼吸と筆の動きを完全に一致させることにだけ意識を向けています。

田丸　自分の呼吸ですか？

紫舟　ええ。実は人間の動作って、呼吸に導かれていることが多いんですよ。たとえばプロボクサーの試合を見ると、シュッシュッっていう声が聞こえますよね。私は、子どものころ、あれは打つスピードのはやさを相手に錯覚させるために、わざと風切り音を出していると思っていたのです。

田丸　演技というか、ポーズというか。

紫舟　そう思っていました。書家になり、自己の成長途中で、吐く息が身体の動きには重要だということに気づきました。呼吸で身体の動きを様々に導くことができるんだと。

田丸　えーー！　そうなんですね？

紫舟　上達のためにも呼吸にあわせて線を書くことが大事なんです。筆を紙におろすときは、軽く息を吸ってトンと息を吐く。線を書くときは、書きたい線の形に合わせて息をスーーっと吐きながら書く。縦線が曲がったりゆらゆらしたりする人は、この呼吸法が逆だったり息が合っていなかったりする可能性が高いです。

田丸　細かく吸ったり吐いたりしていたら、ぶれちゃうわけですね。

紫舟　そうなんです。筆先と呼吸を意識して、完全に集中した状態で書くことができれば、言霊が紙の中に宿るように感じます。力強かったり、人の目をくぎ付けにしたり、魅力的な作品ができます。

田丸　なるほどー。呼吸が大事だとはまったく想定していなかったです。

紫舟　鬼滅の刃でも、言っているでしょう?

田丸　全集中の呼吸ですね（笑）。いやぁ、おもしろい。

紫舟　人はね、一日に6万回も思考するそうです。6万回思考する膨大なエネルギーの多くを、過去を悔やんだり、まだ起きてもいない未来を心配したりすることに使うのをやめる。雑念を払って、一つのことだけに集中するのです。私の場合は、ぐーっと筆先だけに集中できれば、その膨大なエネルギーが作品に宿ります。

**田丸** ええ、ええ。

**紫舟** とはいえ、集中は簡単ではありません。6歳から書道を学んでも、毎回同じように高い集中力を発揮できません。そのために食べ物も節制していますし、寝る時間も決めて、ルーティンを崩さないようにしていますが、それでも難しいです。だから、**どうやって書くかよりも、どうしたら集中の中に入って筆を持てるかをいつも考えています。**

## 作品を見極める「目」を育てる

**田丸** 紫舟さんはこれまでさまざまな字を書かれてきたと思います。日本語についてはどのように捉えていますか?

**紫舟** 文字というのは、文明が発達すればするほど簡略化・合理化される歴史があります。中国語の文字は簡略化され、縦書きや右から左に書くことを手放して英語と同じ横書きです。韓国のハングルも、丸と線の文字になりました。一方で、私たちが暮らす日本は、これほど発達した文明を持ちながらも、漢字があり、ひらがながあり、カタカナがあり、ローマ字がある。縦書きも横書きもできて、左から右にも、右から左にも書ける。

**田丸**　たしかに、言われてみれば。

**紫舟**　結果的に、日本語は世界でいちばん美しい文字をもつ言語になりました。一つの文章にも、10画前後の複雑な漢字と、2~3画の曲線的なひらがな、鋭角なカタカナが混在し、得も言われぬ造形を作り出す。難しくて、また非常に美しい。

平安時代の和歌には変体仮名がありました。たとえば「あ」は様々な漢字から成る「あ」があり、当時の手紙を読んでみると、「あ」の音が何度も出てくるのですが、それぞれに違う変体仮名の「あ」を使っているのです。まるで単調になるのを嫌うかのように。

**田丸**　なるほど。それで言うと、ちょっとずつ日本語も変わってきていますが、紫舟さんとしては今の状態を残していくべきだと思いますか?

**紫舟**　私は変化に対応していくタイプですので。時代とともに変化していく日本語を、これからも寛容に受け入れていくと思います。

田丸　今の日本語が複雑で美しいものであっても、だからといって変に意固地になるのではなくて、然るべき変化であれば対応していきたいということですね。

田丸　日本語ってものすごく多様ですよね。いま「美しさ」という言葉が出てきましたが、紫舟さんが書を書くときに「美しく書けた」と感じたり、書きあげたものを「これが良い」と判断したりする軸や感覚はどのように養われたんでしょう？

紫舟　おっしゃるとおり、書いたものを見てどう判断するか、審美眼はすごく大切です。どんなによく書けたものがあっても、最後の一枚を選ぶ眼がないといけませんから。**書くときには「手」が大事ですが、そこから先は選ぶ「眼」が大事。**

田丸　はい。

紫舟　幼少のときの話ですが、「私は何年もお習字を練習して書き続けているのに、なぜ私の書は、お手本よりも常に下手なのか？」と不思議に思っていました。それで手も一歩ずつ成長しているのですが、それ以上に眼の成長のほうが早い。だからお手本よりもいつも下手だと感じ、あまり上達していないように思うのだと。そのことに気づいていたので、書家になってからも、本物の「和」や「伝統美」を学んで身につけるために京都や奈良に通い、匠や人間国宝と呼ばれる方々のもとを訪ねては、一流の作品を見続けていました。

田丸　それは、眼を養うために？

紫舟　はい、見る眼を養うと、正解というよりかは、しっくりくるものとこないもの、腑に落ちるものとそうでないものの違いが見えてくるようになりました。大量に書き上げた書の中から、自分が表現したいことをできるだけ矛盾せずに表現できたもの、いちばん近いものを、最後に、作品として一枚選びます。

## いい字を書くための基本は「姿勢」と「呼吸法」

田丸　この対談をしている今は、まもなく書き初めシーズンという時期でして。毛筆がうまくなりたいという方に上達の秘訣を教えていただけますか。

紫舟　たとえば野球で言いますと、選手の調子があがらないときに「フォームが崩れている」という指摘がありますよね。書も同じで、うまくいかないときは、ただ姿勢が崩れていることが多いのです。

田丸　なるほど！

紫舟　正しい姿勢は人によって異なりますが、一般的には顎《あご》を少しひいて、頭を少し後ろにずらして、そして腰で座らず、お尻の骨のところで座る。腰を立てるイメージですね。そのあと、少しゆらゆらと体を揺らして中心をとります。書き出すときに、毎回この姿勢を自分の「リセットポイント」として、何か事を始める前にはこの姿勢に戻ってからスタートすることを意識してください。

あともう一つは、先ほどからお話ししている「呼吸法」です。筆をおろすときには息を吐く。横や縦にのばすときは書きたい線の形に合わせて息を「スーーッ」と吐く。一画ずつ、吐く息で線を導いてみてください。息を吐くときに声を出しながら行うのも効果的です。驚くほど上手に書けますよ。

田丸　筆にあわせて呼吸するだけじゃなく、実際に声に出すんですか？

紫舟　はい。声に出すことで呼吸の精度が上がります。私は今でも、書きながら「スーーッ」と声を出していますよ。

田丸　そうやって呼吸で動きを導くわけですね。僕も実践してみましたが、素人ながらまったくこれまでと違う感覚で書けて本当に驚きました……みなさんにも、ぜひやってみていただきたいです！

**紫舟**　日本語の奥深さと集中の心地よさを味わいながら、ぜひ書を書いてください。書き上げた書に力が宿っているはずですので。

PICKUP

# 平易な歌詞とメロディで、どれだけかっこいい歌にできるか

曽我部恵一（ミュージシャン）

コトバノまほう

◎制約が思いもしなかった歌詞を生み出す

▼メロディの縛りがあるほうが意図しなかった言葉や、知らなかった自分の一面が見える

◎歌詞づくりには「心や思いを探る体力」が必要

▼本当に思っていることしか、結局は歌詞に書けない。だから自分の心の中にどういう風景が広がっているのかを探っていく体力が必要

▼体力をつけるには、あらゆることを疑うのが大事。価値観や、多くの人が言っている意見に対して「本当にそうかな？」と立ちどまって考えてみる

曽我部恵一《そかべけいいち》

1971年香川県出身。1990年代からサニーデイ・サービスのヴォーカリスト／ギタリストとして活動を始め、2001年ソロデビュー。2004年自主レーベル「ROSE RECORDS」を設立。精力的なライブ活動と作品リリースを続け、客演やプロデュースワークなども多数。

## 制約があるほうが、おもしろい

**田丸**　曽我部さんは香川のご出身で、僕は愛媛出身なので勝手に親近感を持っているんです。

**曽我部**　僕もですよ。同じ四国ですからね。

**田丸**　曽我部さんの曲も大好きです。「青春狂走曲」「キラキラ！」「満員電車は走る」はとくに好きで、よく聴いています。今日は曲作りについてもお話を伺えたらうれしいです。

**曽我部**　はい、よろしくお願いします。

**田丸**　ふだん音楽をつくるときには歌詞を先に書くんですか？　それとも曲が先？

**曽我部**　いろんなパターンがあるんですが、ベストなのは詞と曲が同時に生まれてくることですよね。ただ、それってけっこう稀で。待てばできる、というものじゃないので、結局はどちらかを先につくることになる。それで昔は、先に詞をつくっていたんです。

田丸　へぇ。

曽我部　長い散文詩のような、とりとめのない言葉を書き連ねて、そこにメロディをあてていく。ただ最近は、先にメロディをつくってから言葉を乗せていくほうが多いんです。そのほうがおもしろいかなって。

田丸　詞が先か、曲が先かで、作品の仕上がりは違うんですね？

曽我部　プロセスが違うので、やっぱり仕上がりは違いますね。

田丸　それは、どういうふうに？

曽我部　心のどの部分から出てきた言葉かというところが、おそらく違う。メロディが先にできているというのは、ある意味、制約なんです。でも縛りがあるほうが意図しなかった言葉や、知らなかった自分の一面が見えたりして。

田丸　なるほど。思いもしなかった言葉が出てきやすいと。興味深いですねぇ。

曽我部　歌詞に使える語彙自体は少ないんですよ。

田丸　音として使える言葉が少ないということですか？

曽我部　音としての語彙は豊富なんですけど、歌にしたときにふさわしくない言葉というのがあって。時間のアートなので、歌として悪い意味で「ん?」と立ち止まっちゃうのはあまりよくないんです。

田丸　たとえば熟語などは入ってきづらいのではと思うんですが、簡単な言葉であっても入ってきづらいものもあるんですか?

曽我部　たとえば、生きる死ぬの「死」とかはメッセージ性が強すぎて、音楽がスムーズに流れていかずに難しいところがあります。逆に、恋とか愛とかはみんなが漠然としたままのイメージを持っているので使いやすいですね。

田丸　ははぁ。とはいえ、死を扱った音楽をつくる場合もあるんですよね?

曽我部　ありますね。そういうときは花が枯れるとか別の言い方をして、死や終わりっていうものを気持ちよく連想できるようにしますね。

## 心の体力をつけることの大切さ

田丸　歌詞を先につくるときは詩のように書いているとのことでしたが、どんなときにどんな方法で書いているんですか?

曽我部　何か刺激的な表現とか言葉とかに触れたときに、自分の心が開くような瞬間、感性が研ぎ澄まされる瞬間があって、そのときパーッてノートに書くんですよ。

田丸　そこから膨らませていくんですね。歌詞の推敲はされるんですか？

曽我部　しますね。やっぱり言葉って、歌ってみてなんぼっていうところがあるんで。実際に歌ってみて、その言葉がどういうふうに響いているのか確認します。だから、自分が納得いくまでどんどん変えていきますね。

田丸　歌詞が完成するのはどういうときなんですか？

曽我部　なかなか難しいんですよね。録音物として世に出した時が完成形ではあるんですけど、実はそこはまだ中間地点だったりもします。もうちょっと時間があったらもっと変わっていただろうなって。でも、一応はそこが最後っていうふうには思って、後からライブで歌う時にいろいろ変えていくことはしないようにしています。

田丸　歌詞を書くための方法論については、何かお持ちだったりしますか？

曽我部　そうですねぇ。メソッドがあるなら、僕が知りたいですね。

でもまぁ、本当に思っていること、自分の心の中にあることしか、結局は書けないんですよ。だから自分の心の中にどういう風景が広がっているのかを探っていく体力がないとダメだなって思います。

田丸　へぇ！　心や思いを探る体力！

曽我部　自分が何を思い、何を感じて、なんのために生きているのか。心の中を探検して、見つけにいくにも体力が必要だなと。

田丸　その体力をつけるためには、どうすればよいでしょう？

曽我部　あらゆることを疑うということが大事ですよね。価値観や、多くの人が言っている意見に対して「本当にそうかな？」と立ちどまって考えてみる。何かの作品に触れたときにも「これは何を言おうとしているのだろう？」「こういうふうに自分の目には映っているけど、作者は本当にそう言おうとしたのだろうか？」と自分の目でしっかり疑う。

田丸　なるほど、そうやって心の体力をつけて、心の探検に行く、と。

曽我部　そうなんです。自分の中にあるものを大事にしていないと、音楽でも文章でも、結局、軸のないあやふやなものになってしまう気がするんです。

## 届けたいものをちゃんと届けるために

田丸　曽我部さんは、子どものころ、国語の授業って好きでしたか？

曽我部　あんまり好きじゃなかったですね。

田丸　それは、どういったところが？

曽我部　国語って、作者の気持ちを読み解いていく授業が多いじゃないですか。「主人公の気持ちを考えてみましょう」とか、「それがわかる文章はどれですか？」とか。いや、それ、たぶん違うよねと思うことが正解だったりして、そんな単純な話ってあるんだろうかと疑問だったんですよ。

田丸　それは小学生のころから？

曽我部　そうですね。たとえば「最後にポチャンと一滴、しずくが落ちた」という文章があったとして、そのしずくは作者の寂しい心を表現していますと言われても、それだけじゃないでしょ？って思ってしまう。

田丸　なるほど。

曽我部　文章に正解はないというか、読んだ一人ひとりの心の中にそれぞれの正解があると僕は思っていて。正解を一つに決めてしまうことに違和感があったんですよね。

**田丸**　国語の学び方への違和感ですね。国語の教科書に載っている小説や詩、短歌といった作品を読むことはどうでしたか？

**曽我部**　それは好きでした。授業を聞かずに、どんどん先の文章を読んでいましたから(笑)。

**田丸**　読むのはお好きだったんですね？

**曽我部**　はい。たしか小学校の低学年の教科書に灰谷健次郎さんの文章が載っていて。おもしろいなと思って、灰谷さんの本を図書館で借りて読んだんです。『兎の眼』という作品で、人の心のほの暗さみたいなものが描かれていて、怖いと思ったのを覚えています。

**田丸**　ほかにも好きな作家さんはいましたか？

**曽我部**　江戸川乱歩がいまも昔も好きですね。小学生のときに『少年探偵団』や『怪人二十面相』を読んでいました。当時はわからなかったんですけど、大人になってみると、江戸川乱歩はやっぱりすごいですよ。

**田丸**　うん、うん。どういったところに惹かれたんでしょう？

曽我部　なんていうのかな、暗闇に目を凝らさせる力がすごい。あの文章には恐怖や闇への好奇心をかきたてる力がありますよね。子ども心に、その不思議な魅力を感じていたんだと思います。

田丸　「暗闇に目を凝らさせる力」という表現、いいですねぇ……。国語力というものが、音楽をつくったり、エッセイや小説を書いたりする、いまのお仕事に役立っている感覚はありますか？

曽我部　ありますね。音楽をつくるときには、必ずしも国語力が求められるわけではないと思うんです。文法も言葉もめちゃくちゃだけど良い音楽ってたくさんありますから。でも、僕の場合はあきらかに国語力に頼っていますね。

田丸　それは伝える力とか、聞かせる力という意味での国語力？

曽我部　そうですね。歌詞を通して、自分が見せたい景色をちゃんと再現する力というか。届けたいものをちゃんと届けていく力が必要だと思うんですよね。たとえば、この歌詞に登場するのはどういう主人公なのか。どんな天気の日の出来事を歌っているのか？　朝なのか、夜なのかみたいなものもちゃんと伝わるように書くのは大事だなぁと。

**田丸**　小説やエッセイに国語力が必要というのはわかりやすいんですが、音に乗る言葉にも必要なんですね。

**曽我部**　そうですね。最近はね、昔よりもシンプルに歌に取り組みたいと思っているんですよ。「今日は空がすみきっていて、気持ちいいね」っていうワンフレーズをいかに美しい音楽にするか。子どもでも書ける平易な言葉とシンプルなメロディで、どれだけかっこいいものにできるかに挑戦したいんです。

**田丸**　いやあ、素敵です。これからも曽我部さんの音楽を聴きつづけます！

# 日本語は、状態・あり方・心領域の言葉

為沙道中（翻訳家）

為沙道中《いさみなか》

フランス・パリ出身の翻訳家。ソルボンヌ第三大学で日本語を学んだ後来日し、企業の社内翻訳の経験を経て、1984年に翻訳会社を設立。文化庁の依頼で、五木寛之や小池真理子の小説の仏語訳を手がける。2018年に日本国籍を取得。

PICKUP

コトバノまほう

◎翻訳するときは「人・場所・媒体」に目を向ける

▼どんな人が、どんな場所で、どんなメディアで、その言葉を受けとるのかを考えて訳す

◎外国語は物事を、日本語はあり方を映す

▼日本語は外国語に比べて感受性への言及が大きく、その状態の実質的なもの、あるいは心を扱う

◎ひと言に「そっとひらめきを入れる」

▼人と話すときには、言葉を発する一歩手前で少しだけ力を抜いて、自然な握手のように言葉を交わす

## 簡単な日本語ほど訳すのは難しい

**田丸** お久しぶりです。前回お会いしたのは「坊っちゃん文学賞」の審査員をご一緒したときですね。

**為沙** そうですね。雅智さん、お元気でしたか?

**田丸** なんとか元気にやっております。為沙道中さんはフランスで生まれ、現在は日本の国籍を取得し、翻訳家として活躍されています。今日は道中さんと日本語の魅力について語り合えたら、と思っています。さっそくですが、日本語を外国語に訳すのは難しいですか?

**為沙** そうですね。とても難しいです。いろんな難しさがあるんですが、熟語だったり、漢字だらけだったり。実は難しい日本語ほど訳しやすいんですよ。

**田丸** えっ! そうなんですか?

**為沙** はい。むしろ簡単な言葉ほど訳しにくいのが日本語の落とし穴で。たとえば「人となり」っていう言葉がありますよね。「性格」や「人間性」とはまた違う意味合いなので違う言葉で訳したいんですけど、なかなかその部品が見つからない。「成立」は簡単に訳せますが、「なりたち」は難しい。

**田丸** ぴったりと当てはまる言葉がないんですね?

**為沙** そうなんです。「和感覚」といいますか、それに加えて日本には他国にはない独特の感情表現があります。「恐れ多い」とか「感慨深い」とか、「面映ゆい」とか。「心」も訳すのが難しくて、「ハート」とは違うんですね。あと、擬声語や擬態語もありますよね。外国では文学作品に擬声語や擬態語を使わないですし、そもそもほとんどないんです。一方日本では「ひしひしと」とか「ざーざー」「しとしと」「うんともすんとも」など文学作品のみならず、みんなが日常的に使いますよね。

**田丸** たしかに、言われてみれば。

**為沙** 日本語には「イエス」と「ノー」の間にあるものや、どちらともとれる言い回しがあるんです。「自慢じゃないけど」という表現もおもしろくて、自慢じゃないと否定したあとに自慢話をするわけですよね。否定と肯定が入れ替わり自由な形で出てくる。「その集落には一軒あるかないかというほど家がまばらだった」というような表現、とくに気になりません。本来は〝一軒があるかないか〟という状態はありえないんですよね、いいえ、ありえますね。

田丸　(笑)。おもしろいですね。

為沙　単数であるか、複数であるかを明示しないという違いもあります。日本語で「親と同伴で来てください」という場合の親は、両親も片方の親もどちらも当てはまります。これを英語に訳そうと思うと、parentの後ろに「(s)」を付けるという苦肉の訳になります。

田丸　なるほど。英語の場合は単数か複数か、どちらか決めなければならないけれども、日本語の場合は曖昧で、いろんな状態をはらんでいるわけですよね。

為沙　そうなんです。

日本らしい言葉になればなるほど、
辞書を見てはいけない

田丸　道中さんは、どんなふうに翻訳するんですか？　たとえば俳句の季語で「風光る」っていう言葉がありますよね。これは文字通りには訳せないじゃないですか。風は光らないので。道中さんなら、どう訳しますか？

**為沙**　パッとい ま思い浮かんだのは、春の風が吹いていて、木の葉がゆれている。葉っぱが裏表、裏表とゆれる動きで「風光る」ができあがるわけですよね。そうすると、やっぱり「葉っぱ」を使いたい。「leaf」という言葉がまず思い浮かんで、そこに「ゆらゆら」という「swing」や「sway」を付け加える。ただ、「光る」の要素を足したいから「blowing in the wind」が第一段階でしょうか。「leaves shimmering in the breeze」とか。日本語の「風光る」には葉っぱは出てこないんですが、外国語の場合はもう少し付け加えないと伝わらないんです。

**田丸**　はぁーー、やっぱり翻訳していく過程がおもしろいですね。

**為沙**　翻訳するときには必ず「人・場所・媒体」に目を向けます。つまり、どんな人が、どんな場所で、紙なのかWeb記事なのか音声なのか、どんなメディアで、その言葉を受けとるのかを考えて訳します。ですから、先ほどの「風光る」も、もしも俳句クラブ向けの文章であれば「葉っぱ」を出さないで、「the shimmering breeze」にしてしまいます。

**田丸**　あらためて、すごいお仕事です。辞書を引いただけでは訳せない言葉がたくさんあるわけですよね。

為沙　そうですね。最初から辞書を引くって、実はないんですよ。その言葉が持っている雰囲気や前後の文脈、その言葉を発する人の声などいろいろなヒントを必死にかき集めて、言葉を理解するためのアンテナを立てていくんです。

言葉の違いを調べるときに辞書は役に立ちますが、先ほどお話しした「和感覚」の言葉は辞書に答えは載っていない。日本らしい言葉になればなるほど、辞書を見てはいけないんです。それに、大切な言葉を預かっているのに、辞書で回答を探すのはなんだか失礼な気もします。

田丸　その感覚、すごくわかります。なんでもすぐに調べられる時代ですから、なおさらですよね。

ちなみに、日本人は中学生くらいに古文を習うのですが、なじみがないので、やっぱりすっとは読めません。道中さんは、そういった昔の言葉に触れることもありますか？

為沙　仕事の上ではほとんどないです。少し話がそれますが、大昔に五木寛之の『風の王国』を訳したときは、大津皇子が葬られている二上山に地下足袋履いて登ったことがあって。そうすると、その言葉が持っている雰囲気であったり、作家が込めたい気持ちであったりが感じられて、訳にも活かせるな、と。

田丸　いや、すごいですね。現地に足を運んで体験して訳されるということですね。

為沙　そうですね。あと、ワープするという方法もあって。歴史の話だと謡曲（能で用いられる歌）からその出来事に込められている感情を実感することもできるんです。

田丸　わー、五百年前に飛んでっちゃったっていう。

これまたすさまじいお話です……。当時の記憶や感覚が残っているあらゆるものを取り入れながら、翻訳に臨まれるんですね。

## 外国語は物事を表し、日本語はあり方を映す

田丸　「ビジネス文書」と「小説」では翻訳の仕方は変わりますか？

為沙　まったく違いますね。ビジネス文書は専門用語をいかにわかりやすく伝えるかが大切になります。一方、小説は用語を的確に言葉にするだけじゃダメなんです。雅智

さんを相手に釈迦に説法ですが、いわゆる精神面の体験、心の動きをいかに臨場感を持って伝えられるか。読者を飽きさせず、興味を持ってもらいながら話を展開していけるかが大切になります。ビジネス文書よりも何十倍もの語学力が必要になるんです。

田丸　すごい……。まったく違うものなんですね。

為沙　俳句はその極みですよね。有名な俳句に「古池や蛙飛びこむ水の音」がありますが、「古池」や「蛙」などそれぞれの単語自体にはあまり意味がないんです。言葉通りに訳しても、その世界観が伝わらない。

田丸　海外にも「詩」はありますが、それともちょっと違う感覚ですか？

為沙　極端にいうと、外国の言葉は物事を扱っているんです。日本の言葉はあり方や、その状態の実質的なもの、あるいは心を扱っています。海外のポエムにそういう要素がまったくないわけではないんですが、日本語のほうが、純粋な感覚の側面が大きいんです。

田丸　道中さんは「和感覚」という言葉をよく使われていますよね。具体的にはどういう意味合いなんでしょうか？

為沙　そうですね。「和感覚」というのは物を見るときに本質なり、そのもと・根源をあわせて感じる姿勢のことを指しています。日本の言葉は、物事ではなく状態を映す。言葉自体が状態のままなんです。たとえば「性格」が物事の世界の言語だとすると、「人となり」はあり方や心の世界の言葉です。あり方や心の世界の言葉は、地球に七千語ほどの言語があるといわれている中で、日本語くらいです。

## 握手をするかのように、そっと「ひらめき」を入れる

田丸　道中さんが好きな日本語を教えてください。

為沙　なんでもいいんですか？　焼肉定食、とかでも？

田丸　あははは。いいです、いいです。

為沙　なんでしょう。「間合い」とか「響き合い」「あたりを消したような」「ふっと」「木漏れ日」……。あ、「生き心地」という言葉はすごく好きですね。

田丸　生き心地というのは、生きる心地？

為沙　そうです。これも和感覚。「生き心地がいい」というと、なんだかわけもなく命が喜ぶような感覚。そういう時や場所がありますよね。

田丸　反対に、現代の日本語に課題を感じることはありますか？

為沙　そうですね。カタカナ語自体が悪いわけではないんですけど、乱用されているのは気になりますね。友だちがラジオを聞いていて「ゴジラのレガシーがリブートされた」ってフレーズを耳にしたらしくて、「意味、わかる？」と聞かれました（笑）。

田丸　もはやギャグですよね（笑）。

為沙　ですよね。たとえば「シャイ」という言葉は「気恥ずかしい」とか「恥ずかしがり屋」、それこそ「面映ゆい」とかいろんなニュアンスと重なるはずですが……日本人は、そのニュアンスを選び抜く力を持っているじゃないですか。
でも、カタカナ語ばかりを使っていると、だんだん幾つもの可能性の中から選びとる力が失われていくのではないかと危惧しています。

田丸　はい。

為沙　そして、どんな場所で、どんなふうに言葉を使うのかが大事です。もしも雅智さんが誰かに大切なことを伝えたいと思ったら和紙を用意して、直筆で手紙を書かれる気がします。つまり、心をこめたという状態が伝わる媒体を選んでほしいんです。LINEでパッと送るんじゃなくてね。

田丸　そうすれば相手も、こんなに大切なものをもらったんだから、ちゃんと読もうと思うでしょう。そうやって大切な気持ちが伝わり、言葉が生かされていくんです。

為沙　本当にそうですね。僕も手書きの手紙を書く機会が減ってしまっているんですけど。でもだからこそ手紙を書くと、ふだんのメールとは違う言葉が出てくる気がします。

田丸　手書きのほうが、自分らしさが出てきますよね。本当に書きたかったことが言葉になる。現代の日本語の問題点に話を戻すと、相手との関係性が薄くなって、言葉自体が短くなっていますね。

為沙　短くなっている？

田丸　書く文章も短いし、話自体も短いんですよ。たとえば「最近、どうですか？」と聞かれて、ああでもないこうでもないと考えていることについて話して、1時間後に結論を出すっていうのが、いまは許されない。

田丸　結論から先に話して、という風潮ですしね。

為沙　そうそう。でも本当に相手と心を通わそうと思えば、長くなるはずなんです。

田丸　長く話すことには、どんな効果があるんでしょう？

為沙　話を聞くという行為は、相手の背景や文化を読み解くことだと私は思うんです。自分の文化を相手の文化に近づけていくような。その関係性の中で響き合いが生まれる。共鳴現象が起きる。しかし結論だけを伝える端的なコミュニケーションでは、共鳴は起きません。仮に「一期一会は大事です」といっても、相手によって捉える深さは違いますから。

田丸　たしかに。いまは短い言葉があふれすぎて、早とちりも深読みも起こって、本当の意味でのコミュニケーションがとりにくくなっていますよね。それで、みんなの心がすり減っている。

為沙　そうだと思いますね。

田丸　最後に、日本語を使う方々に伝えたいメッセージはありますか？

為沙　抽象的な言い方になってしまうんですが、「ひらめきを入れる」ことが言葉の始まりだと私は捉えているんです。根源性とのつながりというか、和感覚のはじまりかもしれません。

**田丸**　ひらめきを入れる、ですか？

**為沙**　はい。うまく言えないんですが、たとえば人と握手するとき、相手の手が触れそうになる瞬間にふっと力をゆるめますよね。ひらめきを入れるっていうのは、まさにそれと同じ。**言葉を発する一歩手前で、少し立ちどまって考える。ひと言にそっとひらめきを入れてほしいんです。**

**田丸**　ああ、なるほど。握手をするときに力を抜かずにガーッと相手に詰め寄ると衝突しますよね。自然な握手のような感じで言葉を交わせたら、と。

**為沙**　握手をする瞬間に少しだけ力を抜くと、ちょうどいい握り方になる。私たちは意識せずともいつも、普通にやっているんですよ。

**田丸**　でも、言葉ではできていないかもしれないということですね。心地よい握手のような言葉の交わし方を。

**為沙**　そうなんです。「そっとひらめきを入れる」という言い回ししか見つかっていなくて、言葉足らずなんですが……。

田丸　いやいや、それだけ最先端の感覚ということですよね。「ひらめく」って言葉自体も素敵ですし、今日このお話を伺えてよかった。きっと聞いてくださっている方も「ひらめきを入れるってどういうことだろう?」と考えてくださるでしょうし、実践しながら理解を深めてくださると思います。その輪が広がるきっかけになるメッセージをいただきました。ありがとうございました!

# 言葉が、私の生きる世界をつくる

## 藤岡みなみ（文筆家）

PICKUP

コトバノまほう

◎言葉を知れば異文化が異文化でなくなる

▼その国の人たちが使っている言葉の世界に足を踏みいれてみることで、普段自分が生きている言葉の世界とは違うものが見えてくる

◎「好き」と思い込めたのがよかった

▼幼少期に読むのが好き、書くのが好きなんだって思い込んだことで、得意になった

◎心に虫眼鏡を持って生きている

▼ラジオパーソナリティの仕事で、日々のなんでもない、たくさんの小さなことをキャッチできるようにしている

藤岡《ふじおか》みなみ

1988年兵庫県淡路島生まれ。文筆家、ラジオパーソナリティ。幼少期からインターネットでポエムを発表、学生時代より文筆業を開始する。ドキュメンタリー映画『タリナイ』（2018年）、『keememej』（2021年）のプロデューサーを務める。主な著書に『パンダのうんこはいい匂い』（左右社）など。タイムトラベル専門書店utouto店主。

## 「言葉は光だ。言葉で照らせば、そこに世界が浮かぶ」

田丸　エッセイ集『パンダのうんこはいい匂い』、おもしろく読ませてもらいました。

藤岡　すみません、本当に。なんとも上品なタイトルになってしまって。

田丸　(笑)。いい意味で振り切ったタイトルですよね。

藤岡　ずっと「自分以外全部異文化」が仮タイトルだったんですよ。

田丸　へぇ。たしかに異文化にまつわるエッセイがたくさん収録されていますから。

藤岡　そう、だから私もその仮タイトルに向かってエッセイを書いていたんです。ただ、タイトルに「異文化」という言葉が入っているとハードルが上がってしまうんじゃないかって意見があって。もともと異文化に興味のない人にも読んでほしかったので変えたんです。ただ、うんこは別の意味でハードルがある気もしますけどね。

田丸　いやぁ、本当にどのエッセイもすばらしかったです。「言葉で照らす」というタイトルのお話では「言葉は光だ。(中略)言葉で照らせばそこに世界が浮かぶ」という一節があって素敵でした。

藤岡　「音声ガイドディスクライバー」というお仕事をしたときの話ですね。目の見えない方が映画やアニメ、ドラマといった映像作品を楽しむための音声ガイドの原稿を書く仕事なんですけれど。

田丸　ええ、ええ。

藤岡　私たちは日頃、光の屈折で視覚的に情報を得ていますよね。だから、目の見えない方にとっては「言葉こそがその光なんだ」と思ったんです。言葉があるから、頭の中に映像を思い浮かべられる。ただ、目が見える方も、見えない方も一緒に同じ世界を楽しめるようにするのはとっても難しくて。

田丸　ストーリーがわかればいいというだけでもないんですよね、きっと。

藤岡　はい。画面の中で起きていることを1から100まですべて説明したら混乱させてしまいますから。映画なら、監督はこの場面でなにを見てほしいのかを読みとることが大切なんです。そしてスポットライトをあてるみたいに、その一つの大事なことを伝える。しかも映像は、副音声が入ることをふまえてつくられていませんから、セリフと被らないようにするのも大変で。無音の1秒にぎゅっと音声を入れたりすることもあります。

田丸　言葉だけで世界を構成していくって、ものすごく難易度の高いチャレンジです。

藤岡　映像を言葉で翻訳する感覚ですよね。私が通った養成講座の先生は、「主人公が○○を見る、次に○○を見る」というふうに同じ動詞がつづくと単調だし、映画の世界観を壊すことにもなると教えてくださって。映像が持つ空気感を表現するために一言一句にこだわって、適切な言葉を探して。本当に難しいんですけど、書く仕事をする人間にとってこれほど勉強になる仕事はないと感じました。

## 言葉をインストールすると、世界の見え方が変わる

田丸　藤岡さんが書かれたエッセイの話をもう一つ。海外旅行に行くときに現地の言葉を覚えていくようにしていると。相手と同じ言葉で世界に触れたときに「異文化が異文化でなくなっていく気がする」と書かれています。

藤岡　人間って、やっぱり言葉で世界をつくっていると思うんですよ。だから、その国の人たちが使っている言葉の世界に足を踏みいれてみることで、普段自分が生きている言葉の世界とは違うものが見えてくるっていうのがあるんじゃないかと。旅の間

は、少しでもその国の言葉でその国を見てみるってことがしたいんです。

**田丸**　ははあ。すごく大切だと思いましたし、今のお話は、違う言葉を話す人同士のことだけじゃなくて、日本語を話す人同士の場合にも通ずるところがあるんじゃないかと思いました。

たとえば「ビジネス」という言葉に対して、欲にまみれたイメージを持つ人もいれば、健全でフェアな印象を持つ人もいる。同じ言葉を使っているので一見通じているようですが、本当は違うものを見ている、感じていることがあって、それが誤解や不信感につながっていることは少なくないように思います。

だから、たとえ日本語を話す人同士でも、じつは相手の言葉をちゃんと理解できていないんじゃないかという視点を持って、相手の言葉の世界に足を踏み入れてみる。そうすることで見えてくるものがあって、コミュニケーションがもっとうまくいくようになるかもしれないなと思いました。

**藤岡**　日本の中でのことと言えば、私、北海道でお仕事をさせていただく機会が多いんですけど、北海道弁に「〇〇さる」っていう方言があるんですね。「歩かさる」とか、「読まさる」とかって使うんですけど。

田丸　この「〇〇さる」って中動態なんですよ。やろうと思っていなかったんだけど、やってしまったみたいな。「読まさる」だと、この本がおもしろくてどんどん読んでしまった、みたいな意味ですか？

藤岡　そうなんです。いまの社会って、なんでも自己責任だとする風潮が強いじゃないですか。「自分がやりたくてやっているんでしょ？」って非難したり、「こうなったのは私のせいだ」と過剰に責任を感じたり。でも中動態って、能動でも受動でもないんですよね。自分の中に知らない自分がいて「なんか読んじゃった」っていう。私は、すごくこの概念がいいなと感じていて。人間も自然の一部みたいな感覚があるんです。かなり勝手な解釈ですけど厳しい自然とともにある北海道だからこそ生まれた言葉のようにも感じられて。

田丸　あーー、なるほど！　すごくおもしろいですね。言葉を知ることで、生きるのがラクになったり、行動が変わったり。それで言うと、なんだかもったいないですよね。

**日本の言葉でも自分が知らない言葉はたくさんあって、それを知るだけで変われる可能性があるということですから。**

藤岡　そうですよね。めちゃくちゃあるはずですよね。

田丸　僕、愛媛出身なんですけど、語尾に「○○やけん」ってつけるんですよ。愛媛は方言がなんとなくゆったりとしていて、穏やかな感じなんです。一方、お隣の広島だと、語尾に「じゃけ」がついたりして、もっと力強いイメージ。

藤岡　たしかに。愛媛はマイルドですね。

田丸　「○○やけん」とか「○○なんよ」とか。

藤岡　うん、うん。柔らかい。愛媛をとりいれるというか、インストールすると、世界が若干まろやかになるのかも。

田丸　わー、**言葉をインストールすれば、世界の見え方が変わるんだ！**　ほかにも方言をはじめとした、いいなと思ういろいろな言葉を日常の中で意識的に使うようになれば、同じ景色を見ても違うものに感じられるようになりそうですね！

藤岡　ふふふ。言葉の魔法を感じますね。

## 「言葉が好き」と思い込ませてくれた環境

**田丸** 学生のときからエッセイや詩を書いていらっしゃったということですが、もともと文章や詩を書くことが好きだったんですか?

**藤岡** 好きでしたね。母が趣味で詩を書いて詩集を作るような人だったので。だから、国語の授業で詩を書くとき、ちょっと恥ずかしいっていう空気が周りにはあったんですけど、私はハードルがなくて。

あと、母が詩人という職業ではなかったのもよかったのかもしれないです。普通の人が詩を書いて本とか出していいんだみたいな。自分が詩を書くことに違和感がありませんでしたね。

**田丸** じゃあ物心ついたときには、自然にやっていたって感じだったんですか?

**藤岡** そうですね。自分は言葉が好きな人なんだって思い込めたのがよかったのかも。

あと、本が好きでしたね。おもちゃやゲームはそうはいかないけれど、本だったらいくらでも買っていいよ、みたいな教育方針で。

たとえ遊び系の本だとしても、本だったら買ってあげるみたいな。それですごく本屋さんっていう場所が好きになって。本も好きになって、私は本が好きなんだって思い込んでいったっていう。

田丸　なるほど。やはり幼少期の影響は大きいですか？

藤岡　大きいですね。**たまたま自分は読むのが好き、書くのが好きなんだって思い込んだので。それが本当かどうかはわかんないですけど、「自分はちょっと得意かも」って思い込んだっていう。**

## もっと気軽に、書いていい

田丸　藤岡さんはラジオパーソナリティとしても活躍されています。喋る言葉と書く言葉では、アウトプットの感覚は違いますか？

藤岡　うーん、違いますね。丸8年くらい自分の番組で毎週、喋らせてもらっているんですけど、それがあったからいまも書きつづけていられるのかもしれません。

田丸　えっ、どういう意味ですか？

藤岡　田丸さんも共感してくださると思うんですが、ラジオのパーソナリティって、3秒くらいの出来事を10分のオープニングトークとして話したりするじゃないですか？

田丸　はい、ありますね（笑）。

藤岡　それって心に虫眼鏡を持って生きているということだと思うんです。心の網目をすごく細かくしなきゃできないというか。パーソナリティの仕事を通じて、日々のなんでもない、たくさんの小さなことをキャッチできるようになりました。

田丸　なるほど。ラジオで話した内容をエッセイに書くこともあります？

藤岡　はい、ありますね。ただ、ラジオでは直近にあった出来事を喋りますが、文章は熟成期間が5年10年とあるんです。だから同じエピソードでも捉え方が変化して、オチが変わっていたりします。文章のほうが、自分と出来事との距離感が遠いかもしれないです。

田丸　おもしろいですねぇ。それで言うと、みなさんも日々の小さなことをキャッチできるようになるために、喋る習慣をつけてみるというのもよさそうですね。いまは自分で簡単に録音できる時代ですから、音声で日々の記録を残してみるとか。

藤岡　いいと思います！　おすすめです。

田丸　純粋に思い出の記録としてもおもしろいでしょうし、それまでにはなかったアンテナが立つようになって、そこから生まれた視点やエピソードが誰かとの会話や、仕事にだって役立つかもしれない。

藤岡　そうですよね。**もっと気楽にアウトプットしていいと思う。音声だけじゃなく、書くということのハードルも、もっと下げていい。**

田丸　僕も常々、もっとみんな気軽に小説を書いてもいいのに、書いてほしいなって考えています。

藤岡　小説は書くハードルが高いと思われがちかも。

田丸　そうなんですよ。でも実際は誰が書いてもいいし、趣味としてやってもいいわけです。それがなぜか小説となると「書くからには受賞しなければ」「プロを目指すんでしょ？」という雰囲気があって、趣味の選択肢になかなか挙がってこないんですね。

藤岡　そうかもしれませんね。

田丸　それはとてももったいないし、小説を書くおもしろさを知ってほしい立場としては、「一回やってみようよ」「気軽に、一緒に楽しもう！」という気持ちなんです。僕が書き方講座をやっている背景には、そんな思いもありますね。

藤岡　私も参加しましたけど、本当に尊い活動ですよ。私もね、いつもは適当に言葉を扱いたくないっていう気持ちがあるんです。言葉が世界をつくっていると思うから、くだらない言葉で自分の世界を構成したくない。

でもこだわりが強すぎて書くハードルが上がり、なにもできなくなるよりは、なんでもいいから書いてみてアウトプットするほうが絶対にいいんですよね。夕日を見て「とても赤い」でもいいじゃないですか。そういう簡単な言葉が、ものすごく雄弁に伝えてくれるときもありますから。

田丸　シンプルすぎて、恥ずかしいなんて思わなくていいんですよね。

藤岡　そうなんです。言葉が少ないからこそ豊かになることもあります。

私の場合は両輪ですよね。

言葉があること自体が尊いという考えが真ん中にあって、「もっといい表現をしたい」気持ちと、「まずは書いてみよう」という気持ちと。その二つのあいだで揺れながら、これからも進んでいくんだと思います。

PICKUP

# どんな人が歌っているのかを知ると、ラップはおもしろくなる

## KEN THE 390（ラッパー）

コトバノまほう

◎「俺が俺の話をする」のがラップ

▼みんなが「俺の歌」を歌っているから、誰が歌っているのかに注目すると全然違って聴こえてくる

◎「成長が実感できる」のがラップ

▼ラップは純粋に技術としての要素が大きいので、書いていて成長実感がある

◎ネガティブな言葉だからこそ強さがある

▼ネガティブな言葉は言葉として強烈だから、ポジティブな要素にも使えるし、ラップの距離感と似ている

**KEN THE 390《ケンザサンキューマル》**

1981年生まれ。ラッパー。音楽レーベルDREAM BOY主宰。2006年、アルバム「プロローグ」でデビュー。全国でのライブツアーから、タイ、ベトナム、ペルーなど、海外でのライブも精力的に行う。MCバトル番組「フリースタイルダンジョン」（テレビ朝日）に審査員として出演。

## ラップは最も手軽に始められる音楽⁉

田丸　日本のラップシーンをけん引されているKENさんですが、最初にラップをはじめたのはいつぐらいでしたか？

KEN　高校2年生ですね。中学のときから楽器をはじめて、コピーバンドとかもやってて。それで高2のときに初めてラップを知って、友だちとちょっとやってみようよって。でもラップってカバーやコピーの文化がないんですよ。

田丸　そうなんですか！

KEN　ラップは基本的にビートの上で喋ればいいんで。まずはレコードを買ってきて、インストゥルメンタルっていう歌詞が入っていない音にあわせて、自分たちで書いたラップを歌ってみたんですね。これまでずっと何年も楽器を練習してきて、オリジナルの曲なんてなかったのに、ラップをはじめたら、その日の夜にいきなり自分たちの曲ができたんです。この手軽さが感動的で！　じゃあ明日もつくろうよ、明後日もって。

田丸　へぇ！　それからバンドよりもラップにのめり込んでいった？

KEN　そうなんです。楽器もやめてしまいました。高校生ならではの創作欲求とか、自分を発信したいという気持ちが、ラップだったら手軽にできちゃって、それがすごく魅力的だったんでしょうね。

田丸　自分の話で恐縮ですけど、僕も高2のときに同じような体験をしたんです。暇を持て余して、ルーズリーフになんとなくショートショートを書いてみて。ものの数十分で書けてしまって、友人に見せたらおもしろいとも言ってもらえて。「あっ、こんなに手軽にできるんだ」「小説って自分も書いていいんだ」って、初めて気がつくことができたんです。

KEN　気構えずに創作できたんですね。なにか始めるときの一歩目の障壁は低いほどいいんでしょうね。

田丸　子どもたちへのメッセージで「とにかく楽しむことだ」とおっしゃっていまして、僕もそのスタンスはずっと大事にしているのですが、その心はどういう感じなんですか？

KEN　やっぱ音楽もゲームも勉強も、好きで楽しんでいる人は結局最強なのかなと思って。やらされてるとかやらなきゃとか思ってる人と、好きでやってる人って、もう時間の使い方が全然違うんで。

だから、なるべく好きでいられるようにとか、楽しめるようにコントロールすることが大事だって周りに伝えるようにしています。

田丸　もうめちゃくちゃ共感しますね。自分自身のこともそうですし、僕は長年書き方講座を老若男女に開催させていただいているんですが、やっぱり夢中になっているときの集中度合いは違いますよね。傍から見たら努力なんでしょうけど、好きだからやっていますし、好きだから伸びるんですよね。

## 「俺が俺の話をする」がラップの基本

田丸　そもそもラップとはなにか、という初歩的なところから教えてもらえますか？

KEN　ものすごく簡単にいうと、音にあわせてリズミカルに喋るのがラップです。もっとうまくやろうと思えば、韻を踏んだほうがいいとか、フロウといって声の高さや強弱、速度に変化をつけたほうがいいよね、みたいな話はあるんですが。

田丸　「歌う」というよりは「喋る」感覚なんですか？

KEN　そうですね。基本的には「喋る」のほうが、感覚は近いと思います。

田丸　ラップをするうえで、どんなことを大事にされていますか？

KEN　やっぱり、自分の話をするってことですかね。ラップにも、いろんな種類があるんですが、「俺が俺の話をする」というのがラップのスタンダードな考え方なんです。

田丸　フィクションが少ないということですか？

KEN　そう。自分が体験したことでもいいし、自分が好きなものでもいいし、自分が目指しているビジョンでも、なんでもいいんですけど、「俺が」という一人称からは外れない。ポップスや歌謡曲とのいちばんの違いですね。だから、どういう人が歌っているのかまでわかると、ラップはおもしろくなるんですよ。

田丸　へぇ～！

KEN　たとえば、あんまりラップに馴染みがない人から「ラップってお母さんありがとうって言いがちだね」とかって言われたりするんです。でも誰がどういうタイミングで親に感謝しているのかがわかると、曲の聴こえ方が違うんですよ。「あんなに破天荒でやんちゃしてて、親に迷惑かけてたのに、子どもが生まれたら親に感謝する曲を出すんだー」とかね。人となりを知ると、グッとくるんです。

田丸　なるほど！　みんな「俺の歌」を歌っているから、誰が歌っているのかに注目すると全然違って聴こえてくる……教えていただいて世界が変わったような思いです！

KEN　僕みたいに普通に大学を出て、就職して、親にもあんまり迷惑かけてなさそうな人間が、感謝の歌を歌うのとでは刺さり方が違うんですよ。ラップは誰が歌っても同じ、じゃないんです。

田丸　めちゃめちゃおもしろいです。

KEN　僕の場合は、社会人経験があるからこそ、ほかに好きなことがありながら仕事をする葛藤とか、コツコツ地道にやることへの誇りとかを歌ったときに説得力が出てくる。それぞれに、自分にしか書けない歌があるんです。

田丸　裏をかえせば、誰もがラップをつくれるわけですね？

KEN　そうです、そうです。ほんとに。

田丸　楽曲を作るプロセスはどういう感じなんですか？

KEN　テーマの切り口が決まって、それに合わせた音を作っていく場合もあれば、音から決まって、それに合わせて自分の発想で歌詞を書いていく場合もあります。半々ぐらいかもしれないですね。

田丸　たとえばテーマだと、具体的にどんなものがあるんですか？

KEN　僕が書いた中で変わったものだと、たとえば「2階建ての家を買おう」って曲があって。

ラップって、もともとブラックミュージックで成り上がるストーリーを書くカルチャーだったりするんで、お金についてどの切り口で話すかってのを、大喜利じゃないですけどみんな競い合ってるところがあるんですよ。なので、たとえばお金を雨にたとえて、金が降ってくるぜって曲を作ったり、高級車や高級時計にたとえたりして。

でも、僕の場合はそういうのはちょっと違うなと。じゃあ自分にとっての高い買い物って何だろうと考えて、家だなと思って。それで、2階建ての家を買おう、それくらい稼ぐぞ、という切り口にして書いていきました。

田丸　なるほど、やっぱり自分がどうか、なんですねぇ。おもしろいです。

## 韻を踏むからこそ生まれる歌がある

田丸　ラップって、言葉数が多いイメージがあります。ふだんから言葉のインプットも、されていますか？

KEN　どうだろう。僕、そんなに本とか読まなくて。

田丸　そうなんですね。

KEN　語彙力ではない気がしているんですよね。たとえば芸人さんのすべらない話って、同じ話でも、話す人によっておもしろさがすごく変わるじゃないですか？　あれって、起きた出来事をどの角度から見て、どういう順番で話して、どう落とすかの技術ですよね。語彙力というよりは編集力だと思うんです。

田丸　うん、うん。

ＫＥＮ　ラップも編集力が大事なのかなと。テーマの切り口の斬新さだったり、どのタイミングでオチを言うかだったり。ラッパーって、喋る人が多いんですよ。楽屋とか超にぎやかですから。喋りがうまい人は、ラップを書くのもうまいんですよね。

田丸　編集力のお話は、ショートショートにも近いところがあるように思います。「物語の構成力」とも言い換えられそうです。

ＫＥＮ　うん、そうかもしれないです。

田丸　ちなみに、松山は俳句の町としても有名でして。ＫＥＮさんから見て俳句ってどうです？

ＫＥＮ　僕自身が俳句を詠むことはないんですけど、俳句もやっぱり「五・七・五」というリズムの中で生まれるわけですよね。「五・七・五」で詠むというのは一見すると制約なんですが、制約があるからこそ研ぎ澄まされたイマジネーションが生まれたり、逆にすごく自由になれたり、ラップに似た感覚があるんじゃないかな。

田丸　たしかに、言われてみると似ているところも多そうです。

KEN　「17文字で自由に書いてください」と言われるより、「五・七・五で書いてください」と言われるほうが、制約が高い分、これじゃなきゃダメだと思わせる必然性も高い気がするんです。それはラップも同じで、韻を10個きれいに踏んでいたりすると、この言葉、この流れである説得力が生まれるんですよ。

**韻を踏むから書ける物語があるように、「五・七・五」のリズムがあるから生まれる俳句もあるんじゃないかなと。**

田丸　なるほど。もしかすると、俳句の字足らずや字余りが、ラップではあえてちょっとリズムを崩したりバーッと早口で喋ったりする感じに近いのかもとも感じました。

KEN　**型があるから型を破れるという話もありますしね。ものすごく王道の型があるからこそ、そこからはみ出したときにインパクトを残せる。**ラップも、ずっと韻を踏みつづけたあとに、あえて韻を踏み外したりもするんで。

田丸　へぇ！

KEN　そうすることで強いメッセージ性が出たり、聞き手が韻を踏む以上のなにかを受けとってくれたりします。

田丸　韻を踏むコツってありますか？

KEN　やはり反復することが大事ですね。一つテクニックでいうと、「まほう」って言葉を「ま」「ほ」「う」の「あ」「お」「う」っていう母音の音を3文字拾うパターンと、「まほー」と棒を引くパターンで考えるんです。そうすると、「かこう」や「ハロー」でも「まほう」と韻を踏めるな、みたいな。

田丸　なるほど、それこそ連想力というか、頭の引き出しにいろいろあるから言葉が出てくるんでしょうねぇ。歌詞を書くときは何かを見たりするんですか？

KEN　最近はパソコンで書くので、類語辞典をちょっと見ますね。韻辞典みたいなものもあるので。

田丸　そんなのがあるんですね。

KEN　でも、できる人が使うとすごい武器になるんですけど、初心者が使うと逆に身動きが取れなくなることもあるので、注意は必要ですね。

田丸　おもしろいなぁ。ラップをやっていて日本語ならではのおもしろさを感じることはありますか？

KEN　そもそも英語のほうが圧倒的に韻は踏みやすいです。

田丸　そうなんですね。

KEN　英語のほうが、音節が少ないんですよ。日本語は母音の数だけ合わせないと音が揃わない。「まほう」だと「ま・ほ・う」と3個合わせなきゃいけないんです。だから英語みたいになめらかにビートに乗れないんですね。そこで「まほう」を「マホー」と捉えたり、言葉を潰してより踏みやすくしてみたり。技術がどんどん発達しているんです。

パズルを組んでいくおもしろさは日本語のほうが圧倒的に大きいし、音節が多い、たとえば6文字の言葉で韻を踏みつづけられたときの必然性や説得力はものすごく高い。日本語じゃないと生まれないかっこよさってありますね。

田丸　いやぁ、知らなかった。奥深い世界です。

KEN　ある程度、キャリアを積んできて気づいたことなんですけどね。自分が成長している実感がずっとあるんですよ、ラッパーって。

田丸　成長している実感、ですか？

KEN　はい。韻を踏んで言葉を構築するって技術なんです。だから、やればやるほどうまくなる。歌詞を書くだけだと、上達した実感ってなかなか得られないじゃないですか？　ラップは純粋に技術としての要素が大きいので、書いていて成長実感があるんですね。

俺、こんなに韻を踏んでいるのにスムーズにメッセージを出せているなとか、韻を踏んでいることを気づかせないくらいの感じでいけたなとかね。

やればやるほど伸びている自分を感じられるのも、ラップのおもしろさの一つかもしれませんね。

## リズムに乗せてとにかく言葉にする

田丸　初めてですが、フリースタイルラップは僕も挑戦できますか……？

KEN　できますよ。ビートに合わせてリズミカルに何か言葉を発していくってことがすごく大事です。今見えてるものを羅列して、リズムに合わせて言ってみようみたいな。とりあえず言葉をリズムに合わせて途切れずに言ってみることから始めるのがいいですね。

田丸　リズムに合わせるというのは、具体的な音楽を聞きながら、もうやっぱり体で乗っていくという？

KEN　そうですね。僕がよくやるのは、リズムが鳴ったときに突っ立って言葉を発するのではなく、ちょっと体をリズムに合わせて揺らしてみるんですよ。その中で言葉を出していくと、自然と言葉がちょっとリズミカルになっていく。もう体が揺れてるんで、そこに引っ張られるものがあって。肉体で引っ張りながら言葉やリズムを乗せていくみたいな感覚です。

田丸　なるほど。じゃあ取っ掛かりとしては、実際に音楽を聞いて体でリズムを刻みながら、見えているものを言葉にしていくという感じでしょうか。

KEN　そうですね、聞きながらがいいと思います。

文章でなくていいので、「マイク、水、紙、鏡……」みたいに、途切れ途切れでも1個ずつ言っていく感じですね。あとは、見えなかったら「見えない」とか、「思いつかない」とか何でもいいんで、「真っ白」とか何か言葉にする。その状況を言っちゃうっていう。自分が今思っている気持ちを、ちょっと恥ずかしいくらいに掘り下げて表現するんです。

田丸　自分の描写ですね。

KEN　ずっと同じテンポにしなかったり、リズムをあえて一定にしなかったり。詰めるところとか空けるところを意識しだすと、ラップの難易度が高くなっていきます。

田丸　いや、すごい！　僕も拙いながら実践してみましたが、一気に向こう側を垣間見せてもらった思いです！
自分がどう感じて、どう考えているかをリズムに乗せてとにかく言葉にする。ラップに限らず、アイデア出しにも使えそうです。

KEN　やっぱり、リズムに乗せるっていう制約がある分、たとえば文章の内容とか拙さを気にすることから解放されるのかもしれないですね。

田丸　いや、おもしろい。ショートショートの創作メソッドとしてもしかしたら昇華させていただくかもしれないです。

KEN　ラップだとめちゃくちゃかっこいいのに、文章に起こすと子どもの作文みたいなものとかもあるんですよ。

KEN　でも、音に乗せるとそれぐらいシンプルなほうが言いたいことが直接的で。それをリズムと言葉のニュアンスで伝えるっていう。

## 「sickだね」は褒め言葉

田丸　言葉が溢れている時代ですが、どのように感じていますか？

KEN　「ヤバイ」みたいな、もともとネガティブな意味で使われていた言葉が、本来の意味から逆転して使われてるのっておもしろいなと思っていて。たとえば「sick」って病気って意味じゃないですか。でも、ラップの世界だと「sickだね」っていうのは褒め言葉でもあるんですよね。「病的なぐらいすごいよね」といった意味で。言葉として強烈だから、ポジティブな要素にも使えるみたいな。だから、そういう言葉の使い方は僕らの創作と距離感が近くておもしろいし、ネ

**ガティブに捉えていないですね。**

田丸　いや、そう言われると一気におもしろくなるというか。sick、そうですね。ネガティブな言葉だからこそ強さがある。

KEN　言葉の強さだけを抽出するとすごいポジティブにはまったりするみたいな。

田丸　確かに。クレイジーとかもそうですもんね。

KEN　そうですそうです、褒め言葉になったりするじゃないですか。

田丸　言葉のプロフェッショナルとして、今後どんなことを目指していきたいですか？

KEN　最近はキャラクターに乗せて書くというのがおもしろくて、今まで開けたことがなかった扉がいっぱいあったなと気づいたんですよ。初めて触れるような言葉も多く、考えたことがなかった発想で言葉を紡ぐことができたりして。自分のことをラップで書くことは続けながらも、ラップならではのフィクションもできたらいいなと思いますね。

田丸　いやぁ、おもしろいですね。「俺が俺の話をする」のが基本のラップで、あえて

「俺」ではないフィクションに挑戦されるというのが。それを受けて、ご自身の創作物にも影響があるかもしれないですね。

ＫＥＮ　今まで自由だと思っていたのが、フィクションをやって全然自由じゃないと気づく瞬間もありましたね。

田丸　本当におもしろい……。新たな境地、表現を楽しみにしています！

# 言葉は情報よりも文体を読みとって味わう

**谷川俊太郎**（詩人）

PICKUP

コトバノまほう

◎自分本位に自己表現を重ねる書き方はしない

▼「読者がいなければ自分の詩に価値はない」と考え、読者と自分のあいだにある距離を常に考えて書く

◎日本語の持つ音楽性で言葉を選ぶ

▼いい詩であっても、言葉の流れに音楽がひそんでなければ、自分の肌には合わないと感じる

◎言葉は情報だけではない

▼言葉から出てくる作家の体つきや、生き方みたいなものを読みとれるようになると、おもしろい

谷川俊太郎《たにかわしゅんたろう》

1931年東京生まれ。1952年『二十億光年の孤独』（創元社）を刊行。1962年「月火水木金土日のうた」で日本レコード大賞作詞賞、1975年『マザー・グースのうた』（草思社）で日本翻訳文化賞、ほか受賞多数。詩作を中心に作詞、翻訳、劇作、絵本、映画脚本・監督などジャンルを超えて活動している。

## 自分と他人との距離をはかりながら詩を書く

田丸　今回のゲストは谷川俊太郎さんです。僕にとっては神様のような方で……。

谷川　ちょっとやめてくださいよ（笑）。

田丸　いや本当に。小学生のときに、はじめて谷川さんの詩に触れたのが『二十億光年の孤独』でした。そのあとも谷川さんの詩を読み続けて、詩集『うつむく青年』の「嫉妬」や『世間知ラズ』の「父の死」が大好きで。ここで一つひとつ挙げていったらキリがないんですけれど……。

谷川　どうもありがとう。

田丸　現在90歳（収録当時）の谷川さんですが、これだけ長きにわたって作品を生み出していく、その原動力はどういったものだったんでしょう？

谷川　はじめのうちは生活費稼ぎでした。大学にも行かなかったし、会社勤めもできない性分だったので、自分でできることは物を書くことだけだと思っていたんです。とにかく妻子を養っていかなきゃいけないから、自分ができる仕事はできるだけ引き受けるようにしていました。

田丸　そのお気持ちは、いまは変わりましたか？

谷川　いまは当時に比べると、だいぶ収入が増えましたから（笑）。もっと気楽に書けるようになりましたね。それに僕は、とくべつなにか詩について勉強をしたというわけではないんです。自分で勝手に書きはじめた。だから自分の詩がいいのか、わるいのかという評価も自分ではよくわからなかったんですね。ただ、編集者から依頼される仕事が増えたり、読者からハガキが届くようになったりして「まぁ、これでいいんだ」と思えるようになっていったんです。

田丸　普段は、どのようなプロセスで詩をつくられているんですか？

谷川　なにせ生活費のために書きはじめた詩でしたから、当初から「読者がいなければ自分の詩に価値はない」と思っていたんですよ。つまり、自分本位に自己表現を重ねていくという書き方はしてこなかった。読者と自分の間にある距離を常に考えて、これでいいのか、これではだめなのかと繰り返し考えて書いていました。それはい

## まも昔も変わりませんね。

田丸　書きはじめるときはテーマや言葉を決めてから書くのでしょうか。

谷川　担当編集者によっては「こういうテーマで書いてほしい」と言われる場合もありますけど、詩は基本的にテーマを指定されずに自由に書くことが多いですね。だから、年齢を重ねるうちに詩を書くのが好きになってきたんですよ。昔は、あんまり好きじゃなかった。好きで夢中で書いていたというよりも、もっと俯瞰して読者との距離をはかりながら書いていたから。

田丸　なるほど。言葉は日常的にメモに書き留めていますか？　それとも書きはじめるときに、自分の中から自然と出てきた言葉を書くというイメージでしょうか。

谷川　昔はほとんどメモを取らなかったんですが、この20年くらいは思いついたことをメモするようになりました。

詩人のなかには語学や教養もあって本をたくさん読んでから書きはじめた人も多いと思いますが、自分は無教養でそれができなくて、ほんとうにゼロから書きはじめたんです。だから、損しているんですよ。もっと他人のいい詩や手法を真似してやることもできたはずですから(笑)。

田丸　ゼロからご自身で、ということですね。

谷川　詩は、それが可能なんじゃないですか。散文だったら、そうはいきませんよね。僕も時々、エッセイを書きますが、発想の仕方が違いますね。

田丸　エッセイは違いますか?

谷川　全然、書けないんですよ。「400文字で3枚書いてください」と言われたら、それはもう大仕事。調子がいいと、詩は10分くらいで書けちゃうんだけれど、散文は1枚書くのに優に3時間はかかりますね。

田丸　10分で生み出される詩もあるんですね!　ちなみに、谷川さんは過去にショートショート集『ぺ』を出されていて、僕も大好きなのですが、書かれたきっかけは何だったんですか?

谷川　僕が書いた当時はショートショートが一種のブームになっていて、僕も「あ、これなら短いから書けるぞ」と思ってお誘いに応じて書きました。だから初めから、ショートショートは短いところが詩と似ていると思い込んでいましたね。

田丸　たしかに短いところや、あとはショートショートも緻密に全部を描くのではなく、余白を大切にするところなども詩と近いのかもしれません。ただ、僕は逆に詩は絶対に書けないだろうなと思っていますが……。

谷川　思い込んでいるだけなんじゃない（笑）。

田丸　どうでしょうか（笑）。

ショートショートと詩の違いについてはどう思われますか？

谷川　そもそも区別する必要はあるのかという気はするんですけどね。散文詩に俗っぽい要素が入ればショートショートになるという感覚はありますが、個々の作品の文体の問題なんじゃないですかね。ただ、僕がショートショートを書いたときは、散文詩ではないようにしないといけないと意識して書いていました。だから、物語的な要素を加えたりして、今はない形式のものを書いていると思ってやっていましたね。

田丸　『ぺ』の後はショートショートを書かれていないんですか？

谷川　その後は書いていないですね。詩をいろんな文体で書くというほうに意識がいっちゃって。

田丸　もしもですが、いまショートショートの依頼があったら、書かれる可能性もゼロではないのでしょうか……？

谷川　そうですね。発想をちょっと変えればショートショートになる詩があるわけですから。

田丸　いやぁ、もしこの番組を聞いている編集者の方がいらっしゃったら、ぜひご依頼をお願いしたいですね……。谷川さんの新作を読ませていただきたいです！

田丸　谷川さんは「推敲」はよくされるほうですか？

谷川　若いころはあまりしませんでした。でも、70歳を超えてからかな。やたら書き直すようになっちゃいましたね。

田丸　それはなぜなんでしょう？

谷川　昔はね、締切があるから見直す時間がなかったんです。締切を気にせず書けるようになって、じっくり見直すと欠点だらけなんですよ。だから、ある一行が気になって何度も書き直したり、最初から全部やり直したりすることもありますね。

田丸　締切が与えた影響が大きかったんですね。

谷川　僕は締切をすごく守るほうで、むしろ締切より前に編集者に渡しちゃう人だったたんです。だから編集者はつまらながっていましたね。催促する喜びがないって（笑）。

田丸　あははは。いやいや、すばらしいことです。

## 日本語が持つ音楽性を、詩にひそませる

田丸　詩を書く際の言葉選びは、どんなふうにされているんでしょう？

谷川　まだ言葉になっていない、心の奥底のほうのモヤモヤがふっと言葉になるのが第一段階ですよね。おおよそ出来上がって推敲段階になると、前後の関係だったり、音を気にしたり。

田丸　音、ですか？

谷川　七五調が体に入っている世代だから、どうしても日本語の持つ音楽性というものを同時に考えちゃうんですね。五音の言葉はいいけれど、次にくる七音がよくないとかね。七五調に一つ音を足して八六調になってもいいんだけど、言葉の流れに音楽がひそんでいるかどうかを、僕はいつもわりと気にしています。

田丸　音楽がひそんでいるかどうか……。

谷川　漢語が多いと観念的になってしまって、日本語の音楽が聴こえなくなるんです。なんだか、ゴツゴツしていてね。そうなると、いい詩であっても、ちょっと自分の肌には合わないな、となる。

田丸　谷川さんの著書を拝読していると「言葉について疑いを持っている」というようなお考えが書かれていることがあって、すごく印象的だったんです。

谷川　そうですね。言葉と現実の関係というものが、書きはじめたときから気になっているんですよ。現実のほうが全体的で、ずっと豊かだから。それを言葉にしようとすると、どうもうさんくさくなる。そういう気持ちはいまもありますね。

田丸　なるほど。

谷川　僕が若いころに書いた詩で「すべての詩は美辞麗句。なお書き継ぐ」という行があります。僕はいまでも「詩は美辞麗句だ」って思っているんです。もっといえば言葉というのは基本的に実体からみればウソなんです。つまり概念的であり、抽象的なんですね。

田丸　どういうことでしょう？

谷川　たとえば「机」という言葉を聞いたときに、みんな一般的な概念としての机は思い浮かべられます。でも、実際に目の前にある机を言葉で描写しようと思うと、とても大変な作業です。それがやりたく『定義』という詩集を書いたことがあるんだけど、やりたかったことはまったくできませんでしたね。正確に表現できない。表現しようとすると、つまらなくなっちゃう。正確に言葉を使うことを諦めた記憶がありあります。だから、逆をいえば何だってやれるとも思いましたね。何でもありなんですよ、言葉の世界は。

田丸　谷川さんと俵万智さんの対談集『言葉の還る場所で』では、「言葉はこの世の中の全体の切り分けられないものを切り分けてしまうんだ。そういう困ったところがある」ともおっしゃっています。

谷川　切り分けないと言葉にできませんからね。なにかの存在を全部、言葉で掴もうとしても、無理なんです。一方で、音楽には言葉がないでしょう？　だから全体を掴んでいる感じがする。絵画もそうかもしれません。すばらしい音楽を聴いたり、絵画を見たりすると、言葉は負けたなと思いますね。

田丸　長く続けていらっしゃったいまも、その感覚がおありなんですね？

谷川　むしろ、この感覚がドライブになって詩を書いているところはあります。ああでもない、こうでもないって、それがまた楽しかったりするんですよ。

## はじめはシンプルなことを教えるのがいい

田丸　小学生に書き方講座をする機会が多いのですが、最近国語が苦手な子どもがますます増えているという声を耳にします。子どもたちが活字離れしているという状況についてはどう思われますか。

谷川　実は僕は、あまり活字は好きじゃないんですよ。本を読むのもどちらかというと好きじゃないの。

田丸　えっ、谷川さんがですか？

谷川　同世代の友人に「お前、ドストエフスキーも読んだことないの？」なんて言われるくらい読んでこなかったんです。夏目漱石を面白いと思い出したのも中年を過ぎてからですね。

田丸　ええーーっ！

谷川　原因の一つは、うちの父親が哲学者で家じゅう本だらけだったんです。それが子どものころからちょっと重荷だった。本が少ない家に住みたいと言っていたくらいですから（笑）。その点、詩はいいなと思っていた。読むのも、書くのも短いですからね。

田丸　では、読むのも書くのも苦手という小学生にとっては、詩は一つのきっかけになるかもしれませんよね。

谷川　いいと思いますね。ただ、子どもたちが面白がってくれる詩がどれくらいあるかどうか。そして詩はすぐに歌に結びついてしまうでしょう？　歌になれば人の心に響きやすくなるんだけど、文字で書いた詩とは別物になるわけだから、その境目をきちんと掴んでいないと教えるときに問題が生じる気がしますね。

田丸　なるほど。表現は豊かになっても変容してしまうということですか？

谷川　日本は昔から教育は「読み・書き・そろばん」と言われていました。つまり、「字を読んで、字を書いて、そろばんで計算する」というのが基本の教育だったわけです。僕はいまでもそれでいいと思っている。いまは教える際の「読むこと」も「書くこと」も複雑になりすぎている気がします。

田丸　もっとシンプルなものに触れるべきだと？

谷川　「一番の基本」みたいなものを掴めることが大事ですよね。いまの教科書を見ても、けっこう難しい文章が載っているんですよ。

僕が尊敬している学者は、まずは日本の昔話とかを教えたほうがいいと言っています。新しい小説や詩ばかりではなくね。

田丸　昔の作品のほうが複雑になりすぎていないからでしょうか？

谷川　そうですね。昔の人のほうが物事の本質を掴んで書いていた気がします。いまは人間関係でも人間と物との関係でも、すごく複雑多岐にわたっているように思えて、その基本を押さえるのが難しいんじゃないですかね。

子どもだったら、まずは基本を押さえてから学びはじめるほうがいいですよね。

## 人間性が出ているものこそいい文章

**田丸**　SNSの時代になって、いろいろな言葉が飛び交っています。谷川さんは「言葉が氾濫しているんじゃないか」ともおっしゃっていますね。

**谷川**　これだけ言葉が溢れているとね、ジャーナリズムやメディアの言葉に左右されないようにするのもけっこう大変ですよね。僕は、自分の能力と美学の範囲内で、できるだけ確実な言葉を使いたいと思っています。そのためには、自分の中にある日本語のバックボーンのようなものをちゃんと持っておかなければ、という意識がありますね。

**田丸**　言葉が氾濫する状況を見て、よくないなと思う面もありますか？

**谷川**　多くの人は言語が持ってくる「情報」を大事にしているでしょう？　僕はそれよりもその言語の「文体」のほうがずっと大事だと思っています。たとえば文体は人それぞれ違うはずで、昔の文豪でいえば「森鷗外の文体」や「夏目漱石の文体」といったように、誰が書いた文章かということがすぐわかりましたよね。でも、いまのマスメディアで「この人の文体」といったものは誰も言えないんじゃないかな。みんな、文体を持っていないんです。つまり、「言語が情報化」してしまっているんですね。

田丸　それによって失われるものはどういったものだと思いますか。

谷川　大げさに言えば「人間性」でしょうね。たとえば、文章を読んでいて「なんとなくこの人は信頼できそうだな」と思えるのは、情報ではなくやはりその人の文体から出てくるものなんです。物知りでもなんとなく信頼できない人もいます。逆に、昔の人で言えば山下清さんなんかは、小学生が書くような文章でもすごく人々の心を打つものだったりするんですよね。やっぱりその人の人柄や物語といった人間性が出ているものこそいい文章で、現代ではそういったものが少なくなっている気がします。

田丸　いまを生きる人たちも、もっと文体を味わう機会を持ちたいですね。

谷川　日本語をもう少し大事にして、日本語の使い方をいろんな文学作品から学んでほしいという気持ちはあります。

先ほど文豪の文体について話しましたが、森鷗外の日本語はすごく格式高いんだけど、夏目漱石はもっと冗談っぽくてユーモアに溢れていたりするんです。二人の文学作品を見比べて、意味やストーリーだけじゃなく、言葉から出てくる作家の体つきや生き方みたいなものを読みとれるようになると、おもしろいんじゃないかな。僕がそういった読み方をするようになったのは中年過ぎてからだから、注文する資格はないんですけれど。

田丸　文学作品もまた、意味性だけではない、ということですね。

谷川　そうですね。言葉は情報だけじゃないということは知っておいたほうがいいと思いますね。

# おわりに

言葉は魔法だ。そう言われてもピンとこない方もいらっしゃるかもしれませんが、それも無理もないことだと思います。言葉は日常の中に当たり前に存在しているものなので、ふだんはなかなか思いを馳せる機会もなく、言葉の持つ力に気づきづらいのではないでしょうか。

ですが、この対談を通して正面から向き合ってみると、言葉には魔法のような、じつにさまざまな力が秘められていることに気がつきます。

神野紗希さんは「言葉は見えなかったものを可視化してくれる」、せきしろさんは「言葉はすべての始まり」、小野賢章さんは「言葉は時代を投影するもの」、藤岡みなみさんは「言葉は光。言葉で照らせば、そこに世界が浮かぶ」、堀潤さんは「言葉は自由な私。誰もができる創作活動」、苅谷夏子さんは「言葉は生涯を貫く大切な武器。必要なときに支えてくれ、自分の考えを一歩前に進めてくれ、人と人をつなげる礎になったりする」と教えてくれました。

また、又吉直樹さんの「言葉は身体表現である」、谷川俊太郎さんの「言葉には音楽がひそんでいる」という捉え方は、文章表現の可能性を示してくれると同時に、文章に苦手意識を持っている人にとっても見方を変えるヒントがあるように感じます。

為沙道中さんの「短くて強い言葉に溢れ、結論ファーストで、一緒にまわり道を楽しむようなコミュニケーションが減っている」というお話にはハッとさせられます。人は不安定で自信がないときほど、強く断定する言葉に惹かれがちです。忙しい現代では、コンパクトにテンポよく話すことばかりが重視されているようにも感じます。

もちろんそういったことも大切ではありますが、ときには結論をあえて出さず、考えながら行ったり来たりするような時間をもつ。そんなこともまた大切なのではないかと、深く考えさせられました。

ちなみに、僕自身はショートショート作家として、言葉を「世界を構築するためのもの」と捉えています。一つひとつの言葉は部品やプログラムのコードのようなイメージで、これらを組み上げることでショートショートという小さな物語の世界を構築しているという具合です。

さらに、言葉は「物語の世界」のみならず、僕たちの生きる「現実の世界」を構築する力も持っていると思っています。たとえば、毎日を明るい言葉で過ごすことで、実際に明るい日々を構築できる可能性は高まるはずです。あるいは、こうなってほしいという未来の世界を言葉で表現していくことで、自分自身や周りの人の思いが強まって、その未来が本当に現実になる可能性は高まるのではないかとも考えています。

この対談を通し、さまざまな意味で素敵な世界を構築していくためにも、言葉の力を磨きつづけたいものだなぁといっそう思うようになりました。

さて、『言語表現の名手20人から学ぶ　ことばの魔法』を、あなたはどのように読んでくださったでしょうか。感じたこと、思考をめぐらせたことを、ぜひ言葉にしてみてほしいなと思います。

中には「どういうことだろう?」と、すぐには腑に落ちない話もあったかもしれません。ですが、その「分からなさ」を手放さず、周りの人たちともあれこれ語り合ったりしながら、考えつづけてみていただきたいなと思います。

もう一つ、〝ありふれた日常が言葉の力でちょっと変わる〟、そんな体験もしてほしいなと願っています。そのために大切なのは、実践すること。気になった話があれば、一つでも二つでも、実際にやってみていただきたいです。

「神野紗希さんのワントーンコーデ法で一句詠んでみよう」「又吉直樹さんみたいに、作文を書く前にわざとネタを作りにいってみよう」「井坂彰さんのようにショートショートに挑戦してみよう」など、みなさんの明日につなげていってもらえたら本望です。それこそが、この読書体験をさらに豊かなものにしてくれるでしょう。

最後に、FM愛媛「コトバノまほう」の放送を聴いてくださっているリスナーのみなさん、ゲストのみなさん、番組のスタッフさんに、心からの感謝を。

FM愛媛「コトバノまほう」では、これからも言葉の魅力を探りつづけます。

この続きはラジオで。またお会いしましょう!

田丸雅智

## 【番組紹介】

**FM 愛媛の"まじめな"コトバプロジェクト コトバノまほう**

2021 年 1 月より放送を開始した FM 愛媛によるラジオ番組。
愛媛県出身のショートショート作家・田丸雅智と
日本語を操るプロフェッショナル達が語る“まじめな”コトバプロジェクト。
2023 年 11 月時点で 36 名のゲストを招き、
文学の街、松山発の日本語探求番組として高く評価されている。

## 田丸 雅智（たまる まさとも）

1987年、愛媛県生まれ。東京大学工学部卒、同大学院工学系研究科修了。2011年、『物語のルミナリエ』に「桜」が掲載され作家デビュー。12年、樹立社ショートショートコンテストで「海酒」が最優秀賞受賞。「海酒」は、ピース・又吉直樹氏主演により短編映画化され、カンヌ国際映画祭などで上映された。坊っちゃん文学賞などにおいて審査員長を務め、また、全国各地でショートショートの書き方講座を開催するなど、現代ショートショートの旗手として幅広く活動している。書き方講座の内容は、2020年度から小学４年生の国語教科書（教育出版）に採用。2021年度からは中学１年生の国語教科書（教育出版）に小説作品が掲載。17年には400字作品の投稿サイト「ショートショートガーデン」を立ち上げ、さらなる普及に努めている。著書に『海色の壜』『おとぎカンパニー』など多数。メディア出演に「情熱大陸」「SWITCH インタビュー達人達」など多数。

言語《げんご》表現《ひょうげん》の名手《めいしゅ》20人《にん》から学《まな》ぶ
# ことばの魔《ま》法《ほう》

2023年12月26日　初版発行

著　者　田丸雅智《たまるまさとも》
協力/監修　株式会社《かぶしきがいしゃ》ＦＭ《エフエム》愛媛《えひめ》
発行者　山下直久
発　行　株式会社KADOKAWA
〒102-8177　東京都千代田区富士見2-13-3
電話　0570-002-301（ナビダイヤル）
印刷所　株式会社暁印刷
製本所　株式会社暁印刷



● お問い合わせ
https://www.kadokawa.co.jp/（「お問い合わせ」へお進みください）
※内容によっては、お答えできない場合があります。
※サポートは日本国内のみとさせていただきます。
※Japanese text only

定価はカバーに表示してあります。


ISBN 978-4-04-606409-7　C0095